*laisse ma Tente, il me happe,
l m'enlève comme un Moineau.*

OEUVRES

BADINES

D'ALEXIS PIRON.

A PARIS.

An VI. — 1798.

POÉSIES DIVERSES.

L'ANTI-MONDAIN (1).

O JOURS heureux, qui, purs et sans nuage,
Avez du monde éclairé le berceau,
Dont vainement un odieux pinceau
Veut à nos yeux défigurer l'image!
Jours fortunés! quoi qu'en publie encor
Un maître fou dans sa verve indiscrète;
Age à bon droit appelé siècle d'or!
O bon vieux tems! c'est moi qui vous regrète.
Mais, ô regrets en effet superflus!
A notre dam, hélas! vous n'êtes plus.
Tranquille au sein d'une heureuse abondance,
Exempt de peine, affranchi de tous soins,
L'homme vivoit : la sage providence
Pour son bonheur, lui cachoit ses besoins.

---

(1) Cette pièce est la contre-partie du MONDAIN de Voltaire, imprimée dans toutes les éditions de ses OEuvres.

Il étoit libre, et la seule nature
Dictoit ses lois et régloit ses devoirs.
La trahison, le meurtre, l'imposture,
Les attentats, les forfaits les plus noirs,
Sous des climats où régnoit la droiture,
De son cœur simple ignorés et bannis,
N'avoient alors besoin d'être punis.
Nul préjugé n'asservissoit son ame :
Heureux de vivre ainsi qu'il étoit né,
Ni bien, ni mal, gloire, honte, blâme,
N'étoient connus de son esprit borné.
O douce erreur, favorable ignorance !
Fille du ciel, mère de l'assurance !
Point de remords qui gênoit ses desirs.
Né pour jouir, fait pour le bien suprême,
Il se trouvoit dans un autre lui-même ;
Rien ne troubloit leurs innocens plaisirs.
Et quels plaisirs ? A leur douceur extrême
Le monde entier doit ses accroissemens :
Tendres ébats, divins embrassemens,
Fréquens sur-tout plus qu'au siècle où nous sommes,
Et c'est raison ; car le destin des hommes
En dépendoit dans ces commencemens :
Plaisirs exempts de tous ces vains fantômes
Dont un bizarre et chimérique honneur
Séduit les cœurs susceptibles d'alarmes :
Ce fier tyran d'un siècle plein de charmes
Ne mettoit point d'obstacle à leur bonheur ;
Mais à sa place, une aimable innocence,

Un cœur naïf, de candeur revêtu,
Neuf encor, même après la jouissance,
Tenoit alors lieu de toute vertu.
De nos aïeux, sous le règne d'Astrée,
Telle étoit donc la race fortunée.
De siècle en siècle et vigoureux et sains,
Mets raffinés, laïcs, ni médecins,
Coupable engeance en ces tems ignorée,
De leurs beaux ans n'abrégeoient la durée.
Or maintenant, notre ami de bel air,
Qui vous moquez impunément du monde,
Vantez-nous bien votre siècle de fer;
Vantez sur-tout votre cœur très-immonde :
Osez fronder l'illustre Fénélon;
Déprisez-nous les accords de sa lyre,
Ce beau roman, le seul utile à lire;
Vous toutefois dont le rare Apollon
Et les écrits ne vont pas au talon
De ce prélat; vous dont le chaud délire
Où vous puisez vos cyniques accens,
Vous fait choquer trop souvent le bon sens;
Vous, dis-je encor, qui placez dans un temple,
D'un bout à l'autre ouvrage original,
Fille de joie auprès d'un cardinal;
Vous, dis-je enfin, qui, pour dernier exemple,
Venez de faire assemblage nouveau,
Et, comme on dit, une galimafrée
D'Eve, d'Adam, de Saturne et de Rhée,
Assortiment digne d'un tel cerveau;

A 4

Plaçant le bien de la nature humaine
Dans un bouchon qui frappe au soliveau,
Ou bien à voir une tête de veau
Qui dans un char mollement se promène.
Or maintenant ce séjour enchanté,
Ce paradis terrestre si vanté,
Cher calotin de la première classe,
De bonne-foi, convenez entre nous,
Que, pour savoir où peut être sa place,
On auroit tort de s'adresser à vous.

LES MISÈRES DE L'AMOUR.

PARODIE.

QUE l'homme est foible et ridicule,
Quand l'amour vient s'emparer !
D'abord il craint, il dissimule;
On l'entend tout bas soupirer.

S'ose-t-il enfin déclarer ?
On le fuit; sa poursuite est vaine.
N'importe ; il veut persévérer.
Que de soins, d'ennui et de peines !

On l'aime ? tant pis ; double chaîne :
Mille embarras dans son bonheur.
L'esprit sans cesse est en haleine :
Père, mère, époux, tout fait peur.

Est-ce tout ? Non. Reste l'honneur ;
Il s'effarouche avec méthode :
On croit vaincre, il est vainqueur ;
On se brouille, on se raccommode.

Vient un rival ; autre incommode.
Loin des yeux le repos s'enfuit ;
Jaloux, on veille, on tourne, on rôde ;
Ce n'est qu'alarmes jour et nuit.

Après bien des maux et du bruit,
On jouit enfin de sa belle :
Le feu s'éteint, le dégoût suit.
Le jeu valoit-il la chandelle ?

TOUT EST BIEN COMME IL EST.

CONTE EN ROMANCE.

Au gré du sexe charmant,
Amour cherchoit un remède
Au sombre ennui qui possède
L'amante près de l'amant.
Dans ce dessein, on assure
Qu'un jour il prit le chemin
De la forge où la nature
Fabrique le genre-humain.

La carte de Cupidon
Met cette forge divine

Sous une aimable colline
Où croît le plus fin coton.
Deux jolis piliers d'ivoire,
De l'ébène et du corail,
Du sacré laboratoire
Forment le petit portail.

Les ris et les jeux badins,
Par qui la flamme s'allume,
Volent auprès de l'enclume
Que bat le dieu des jardins :
Du cyclope infatigable
Le marteau va jour et nuit,
Et par un sort admirable,
Frappe sans faire de bruit.

Quand à grands coups redoublés
Le fer est battu de reste,
Et que la foudre céleste
Dedans le moule a coulé,
La nature prompte et sage,
Qui de la part du destin
Préside sur tout l'ouvrage,
Y met la dernière main.

Le fils de Vénus entra
Jusqu'au fond du sanctuaire
Où le mortel téméraire
De ses jours ne pénétra.
Les forgerons de Cythère

Reçurent leur souverain
Comme l'on reçoit sa mère
Dans les forges de Vulcain.

Bonjour, bel enfant, bonjour !
Dans ces lieux dont je dispose,
Puis-je pour vous quelque chose,
Dit la nature à l'amour ?
Le Dieu répond : Je desire,
Sans différer un instant,
Aux belles de mon empire
Rendre un service important.

Que l'homme puisse à son gré
Se dessaisir en main sûre
Du morceau de sa figure
Que vous m'avez consacré.
Faites si bien votre compte,
Que, tournant sur une vis,
Cet endroit-là se démonte
Et se mette à REMOTIS.

Nature ayant sa leçon,
Cupidon prit congé d'elle,
Et sur le nouveau modéle
L'homme est bâti de façon,
Que le plus solide immeuble
Des amans et des époux,
N'est plus désormais qu'un meuble
Le plus mobile de tous.

Mais tel étoit l'art divin,
Que si l'affaire alongée
N'étoit à son apogée,
On tournoit la vis en vain :
L'envoi ne se pouvoit faire,
Que l'amour de son cachet,
Et du grand sceau de Cythère,
N'eût bien scellé le paquet.

L'homme étant ainsi formé,
Le beau sexe en patience
Du nôtre soutint l'absence,
Et n'en fut plus alarmé ;
De ce qui rend infidèle
L'absent n'étoit plus porteur,
Et toujours avec la belle
Marchoit le consolateur.

L'époux sortant de chez soi
Laissoit à sa chère épouse,
Nouvelle encore et jalouse,
Cet ôtage de sa foi :
Le passe-tems des fillettes,
Grace aux vigoureux hochets,
Quand elles restoient seulettes,
N'en souffroit aucun déchet.

Chacune de s'en munir ;
Basques de courir sans cesse ;
Feaux paquets à leur adresse

D'aller et de revenir.
Il n'est grêle ou vent qui puisse
Retarder un tel envoi ;
Et la tourrière et le suisse
N'eurent jamais tant d'emploi.

Vous noterez qu'à ce jeu ,
Outre que celui qu'on tronque
Ne trouve plaisir quelconque ,
Il risque encore son enjeu.
Un dépôt de cette espèce
Ne se faisoit pas sans peur ;
Mais est-il rien qu'on 'ne laisse
Par-tout où reste le cœur ?

Aussi plus d'un accident ,
Et plus d'un tour de friponne
Fit d'une action si bonne
Repentir l'homme imprudent.
Tous les jours la négligence
Ou l'appétit déréglé ,
Coûtoit cher à l'indulgence
De quelque absent mutilé.

Le beau rameau d'olivier
Qui fait la paix du ménage ,
Est par un mari volage
Prêté pour le jour entier ;
Le soir , hymen le réclame ;
La nuit , s'il ne revient pas ,

Du mari près de sa femme
Imaginez l'embarras.

Par mégarde une autre fois,
Une Agnès, au lieu du vôtre,
Vous en renvoyoit un autre
Où vous perdiez deux sur trois ;
Et bienheureux ceux qui purent
En sauver encore un tiers :
Mille honnêtes gens en furent
Pour les gages tout entiers.

A l'affût de ce butin,
Une mère de famille,
Dans les joujoux de sa fille,
Furetoit soir et matin.
La prude, mal assistée
Dans ses besoins importans,
De la belle accréditée
Escamotoit les emprunts.

Le vieux jaloux désolé,
Ne fermant plus la prunelle,
Quelquefois dans la ruelle
Trouvoit le drôle isolé :
Alors, ne vous en déplaise,
L'impitoyable vieillard,
Sans scandale et tout à l'aise,
Vous faisoit un Abailard.

A son galant morfondu
La dame, avec un sourire,

En étoit quitte pour dire :
Mon ami, je l'ai perdu.
Aussi-tôt affiche énorme ;
Tout par son nom s'y nommoit ,
Même on y gravoit la forme
Du bijou qu'on réclamoit.

Que dirons-nous du chagrin
Et de la rumeur affreuse,
Qui d'une grande emprunteuse
Causa le trépas soudain ?
Les commissaires posèrent
Le scellé sur ces effets ,
Et sous le scellé restèrent
Trente ou quarante paquets.

Messieurs les intéressés ,
Privés de tout exercice ,
Des longueurs de la justice
Furent fort embarrassés ;
Sur-tout ceux que la décence
Et l'honneur de leur état
Réduisoient à l'impuissance
De faire le moindre éclat.

Le cavalier effronté
Se plaint tout haut qu'on le vexe ,
En fait juge le beau sexe ,
Qui crie à l'iniquité.
La procédure s'achève ;
Nouvelle opposition ;

Enfin le scellé se lève,
On fait exhibition.

Personne, à la vérité,
N'y sauroit trouver à mordre;
La défunte avoit de l'ordre;
Tout est bien étiqueté.
Gens de cour et gens d'affaires,
Gens de robe et gens de bien,
Abbés et révérends pères,
Chacun retrouva le sien.

Aussi n'est-ce rien au prix
De ce qu'une Messaline
Entreprit à la ruine
De l'empire de Cypris.
Chez elle étoient en fourrière
Bidets rares et communs :
Elle étoit la trésorière
De la caisse des emprunts.

Un beau matin, haut le pié,
A son comptoir elle manque;
Madame emporte la banque
Et fait rafle sans pitié.
Amour et galanterie
N'eurent bientôt qu'à décheoir :
C'étoit une loterie;
Cent billets blancs pour un noir.

Cupidon sentit l'abus;
Pour en prévenir la suite,

Ce dieu revolant bien vîte
A la forge de Vénus,
S'en remit à la nature
De leur commun intérêt;
De-là nous devons conclure
Que tout est bien comme il est.

LE REQUIN.

CONTE.

Muse, de grace, au fait et point d'exorde.
Des écumeurs, gens sans miséricorde,
Firent descente à je ne sais quel port,
Et tout de suite y descendit la mort,
L'affreux dégât, le viol équivoque
Qu'Agnès redoute, et dont Barbe se moque;
L'ardente soif du sang et du butin,
Tant d'autres maux, le sacrilége enfin,
Péché mignon des ames scélérates.
Ce dernier-ci conduisit les pirates
Dans un couvent de pères cordeliers.
Vases sacrés, tout fut de bonne prise;
Chàsses, encensoirs, croix, soleils, chandeliers,
Burettes, brocs, le cellier et l'église,
Tout fut pillé. Notez que les vauriens
N'étoient pourtant juifs, ni turcs, mais chrétiens
En qui peut-être eût agi le scrupule,

S'ils n'avoient pas, dans plus d'une cellule,
Trouvé de quoi se dire : Eh ! ventrebleu,
N'en ayons point, puisqu'il en est si peu.
Quoi trouvé donc? Quoi ? gentilles commères,
Que sur la nef on mène avec les pères,
Pour y passer le tems dorénavant,
Eux à ramer, elles comme au couvent.
Père Grichard, bilieuse pécore,
Prêche et fulmine en pieux matamore;
Père Grichard est traité d'étourneau,
Et pour réponse, on vous le jette à l'eau.
D'autres encor de prêcher ont la rage ;
Ils prêchoient donc, mais sur un ton plus sage,
Quand le plus fier de tous les ouragans,
Mieux qu'un serment, convertit nos brigands.
Les voilà tous devenus des Panurges,
Se fiant moins à Dieu qu'aux thaumaturges,
Et promettant chandelle à tous les saints
Du paradis et lieux circonvoisins.
Tout l'équipage aux pieds de la chiourme,
On crie, on pleure, on sanglotte, on se gourme:
MEA CULPA, mon père, mon mignon;
Ce n'est pas moi, c'étoit mon compagnon.
Moine de dire en faisant grise mine :
Punition et vengeance divine !
Le bon larron, contrit comme à la croix,
De se vouer à monsieur saint François,
S'il en échappe. A l'instant le tems change;
Vous eussiez dit que sur l'aile d'un ange,

Le séraphique avoit dit : Quos ego.
Le ciel reprend l'azur et l'indigo,
L'eau reverdit, et sa claire surface
S'applanissant, redevient une glace ;
Tout rentre enfin dans son premier état ;
Tout, j'y comprends le cœur du scélérat.
Il rit du vœu formé pendant l'orage :
Le capitaine absout tout l'équipage,
Réunissant les deux pouvoirs en soi,
Et sur son bord étant pontife et roi :
Buvons, rions, chantons, dit le corsaire ;
Frappe, commite, et vogue la galère.
Les pénaillons disoient : Vous avez tort ;
On fait la figue aux saints plus près du port.
De Pharaon tel étoit le vertige ;
Moyse aussi coup sur coup le fustige.
Le chef repart : Qu'on ait tort ou raison ,
Ramez, faquins : belle comparaison !
De fouet à fouet, la verge de Moyse
Et le cordon de saint François d'Assise !
Trois jours avoient coulé sans accidens ;
Le quatrième, ainsi qu'entre leurs dents
Les gris vêtus prioient leur patriarche
De se venger en purifiant l'arche,
L'un d'eux soudain s'écrie : Ah! le voilà.
Qui ? saint François ! où ? sur l'eau, là-bas, là ;
Tenez, voyez, vis-à-vis de la poupe.
Sur le tillac aussi-tôt on s'attroupe.
Oui, c'est, dit-on, vraiment un cordelier.
C'en est bien un, le fait est singulier.

En pleine mer, un homme, n'en déplaise,
Qui paroît même être là fort à l'aise.
C'est, s'écrioit un moinillon fervent,
C'est ce grand saint qu'à la merci du vent,
Dans le péril, ingrats, vous réclamâtes ;
Mon œil d'ici distingue les stigmates.
Je vois, je vois l'ange exterminateur
Le bras levé sur le profanateur.
Tremblez, méchans ! La frocaille en tumulte
Passoit déjà de l'espoir à l'insulte ;
La soldatesque incertaine tout bas
Se demandoit : L'est-ce ? ne l'est-ce pas ?
La nuit laisse leur ame irrésolue ;
L'indévôt crut avoir eu la berlue,
Et du soleil attendoit le retour :
Il reparoît. On revoit tout le jour
Le même objet à pareille distance.
Lors le relaps incline à pénitence.
C'est saint François : qui pourroit-ce être donc ?
Voilà des gens penauds, s'il en fut onc.
Le commandant, dont la visière est nette,
Pour le plus sûr met l'œil à la lunette,
Et dit : Ma foi, vous ne vous trompez point :
Je vois capuche et froc ; c'est de tout point
Un cordelier bien vif, bien à la nage,
Voulant venir peut-être à l'abordage ;
Il faut l'attendre. Holà ! ho ! le grapin.
Chacun se signe au cri du turlupin ;
D'horreur le poil en dresse à tout son monde ;
L'objet s'enfonce, disparoît sous l'onde.

A l'instant souffle un vent plus que gaillard,
Et, fût-ce un coup du ciel ou du hasard,
Vous en allez savoir le pour et contre.
Tout au plus près le nageur se remontre.
Le grapin tombe, frappe, accroche et tire, qui?
Etoit-ce bien un cordelier? Nenni;
Car, de par dieu, sa mère et saint Antoine,
Jamais l'habit ne fit si peu le moine.
C'étoit au vrai l'habit d'un franciscain,
Mais sous lequel ne gissoit qu'un Requin,
Poisson goulu, vorace, antropophage,
Poisson béant, poisson pour tout potage;
Mais un poisson froqué : par quel hasard?
Vous avez vu noyer le père Grichard?
Figurez-vous ce Requin qui le gobe,
Non pas avec, mais par-dessous sa robe.
Des pieds au cou tantôt il fut grugé,
Et là du tronc la tête prit congé.
Le froc alors présentant l'ouverture,
Avoit du monstre embéguiné la hure;
Et, de ce jour, quêteur humble et gourmand,
Frère Requin suivoit le bâtiment.

TIRLIBERLY.
CONTE.

Lise couchée, au retour de l'église,
Disoit à Jean : Mon dieu, le bel outil!
Quel est son nom? TIRLIBERLY, dit-il.

TIRLIBERLY sera vraiment, dit Lise,
Dorénavant mon bijou favori.
TIRLIBERLY mit toute son entente
A bien ouvrer, tant qu'en peu dépéri,
Jean se souvint qu'il avoit une tante,
Et s'embarqua pour le Pondichéry.
Au bord de l'eau, grands adieux; on s'embrasse,
Propos de femme et fadeurs de mari.
Lise, au revoir: Jean, mon ami, de grace,
Laisse-le-moi. Quoi! le TIRLIBERLY?
L'homme eut beau dire, et beau rire, et beau faire,
S'il ne le laisse, il ne partira point.
Lise l'a dit: donc pour la satisfaire,
Jean fouille et prend par-dessous son pourpoint
N'importe quoi, tout ce qui vint à point,
Propre à donner le change à l'ingénue,
Quoi-que ce fût: Tiens, dit-il, le voilà;
Cours après, cherche, et ce disant, il rue
Ce qu'il tenoit dans l'herbe haute et drue,
Puis sur-le-champ monte en mer et s'en va.
Or n'ayez peur que simple ou trop honnête,
Lise, à tourner incessamment la tête
Vers le vaisseau gagne un torticoli:
Ce n'est le point où son esprit s'arrête;
Tout son penser vise au TIRLIBERLY.
Onc on ne vit chien plus âpre à la quête:
Vaine recherche! elle ne trouve rien.
Dieu sait l'angoisse. O douleur sans pareille!
Las! j'ai perdu le plus beau de mon bien:

Tirliberly ! que ma voix te réveille.
Par-dessus l'herbe à mes cris, lève-toi.
A mon aspect tu croissois à merveille,
Et tu semblois avoir des yeux pour moi.
Tirliberly, seras-tu sans oreilles ?
A ce haut cri dans les airs épandu,
Sort de la roche un jeune anachorette,
Frais comme rose, et qui sous sa jaquette
A plus et mieux que Lise n'a perdu.
Père, aidez-moi, dit la belle éplorée :
Vous me voyez pis que désespérée
Pour un bijou dans l'herbe enseveli,
Bijou vraiment qui passe le joli.
Sans lui, je meurs, sans lui rien ne m'agrée ;
Il me valoit lui seul tout l'empirée.
Ce bijou rare a nom Tirliberly ;
Savez que c'est, si connoissez la pompe
De ce bas monde : hélas ! un mal-adroit
Me l'a fait perdre, et si je ne me trompe,
Il est tombé non loin de cet endroit.
Tenez, cherchons ; nous y voici tout droit.
Mu de pitié, le pauvre solitaire
Tout bonnement cherche et cherche à tâton
Sans savoir quoi. Tel un visionnaire
Cherche le jour dans la nuit de Newton ;
Ou si l'on veut, tel un savant breton (1),

____

(1) M. Montpertuis.

Grand scrutateur de forme planétaire,
Dessous le pôle en cherche une à la terre.
De charité le jeune homme rempli,
Met donc le front et le nez dans les herbes,
Et retroussé jusqu'au TIRLIBERLY
En laisse voir un tout des plus superbes.
L'appercevant, Lise jette un grand cri :
Ah, le voilà ! L'hermite se redresse,
Et prenant part à sa vive allégresse,
Demande à voir un bijou si chéri.
Lise lui dit : Vous l'avez, et le presse
De le lui rendre. A cela, l'homme saint
Reste muet. Elle insiste ; il se plaint
D'un tel soupçon, et consent qu'on le fouille.
Lise y procède, et saute à la quenouille
Avec laquelle Eve nous a filés.
Gens au désert par la grace exilés,
Antoines, Pauls, Hilarions, Arsennes,
L'esprit malin vous a bien fait des siennes,
Convenez-en ; mais n'en fûtes jamais
Si lutinés, ni serrés de si près.
TIRLIBERLY trahit enfin son maître :
Le jouvenceau succombe innocemment.
Lise innocente encore en ce moment,
De sa main propre emprisonne le traître,
Et d'innocence en innocence, ainsi
Jean fut très-Jean ; mais Lise en fut aussi
Bien plus savante, apprenant de ceci
Qu'un mari peut aller à la campagne,

Sans

Sans pour cela qu'en ce siècle poli,
A la maison sa charmante compagne
Demeure oisive ou sans TIRLIBERLY,
Et que souvent loin d'y perdre, elle y gagne.

L' Y GRÉC.

MARC une béquille avoit
Faite en fourche, et de manière
Qu'à la fois elle trouvoit
L'œillet et la boutonnière.
D'une indulgence plénière
Il crut devoir se munir,
Et courut, pour l'obtenir,
Conter le cas au saint père,
Qui s'écria : Vierge mère !
Que ne suis-je ainsi bâti !
Va, mon fils, baise, prospère !
GAUDEANT BENÈ NATI.

LE LACONISME.

CONTE.

CHEZ un seigneur un moine fut :
Le Diable apparut à sa vue :
Choisis des trois, dit-il ; ou tue,

B

Ou bois, ou fornique : opte.. Il but.
En buvant, la dame lui plut.
Le mari qui faisoit un somme,
S'éveille, et voit le couple en rut,
Veut le tuer ; mais le saint homme
Prend un chenet, frappe et l'assomme.
C'est où l'attendoit Belzébut.

LE MÊME AUTREMENT.

A FRÈRE Luc, dans un castel oisif,
Le Diable dit d'un ton impératif :
Bois, ou fornique, ou bien occis ton hôte.
Si n'obéis, je t'étrangle sans faute ;
Or, par bonté, je ne veux qu'un des trois.
Le moine alors de s'enivrer fit choix ;
Si qu'il advint qu'au fort de son ivresse,
Le porte - froc vous baisa la maîtresse,
Puis envoya l'époux chez ses aïeux.
Pour moi, je donne au Diable à faire mieux.

LES DEUX MALADES.

CONTE.

UN pauvre hère, enfant de l'Hélicon,
Gissoit mourant à-peu-près sur la paille,
Et pour payer casse et catholicon,

Dans son coffret n'avoit denier ni maille.
Un gros banquier, regorgeant de mitraille,
En même-tems étoit malade aussi.
Guérissez-moi, s'écrioit celui-ci ;
Voilà de l'or. Chers enfans d'Esculape,
S'écrioit l'autre, en cas que j'en réchappe,
Je vous destine au Pinde un beau loyer.
La Faculté vers ce lieu ne galope ;
En l'autre part elle aime à giboyer :
Si que bientôt de Vernage à Procope,
Ce dit l'histoire, et d'Astrue à Boyer,
Depuis le cèdre enfin jusqu'à l'hyssope,
Auprès de lui notre veau d'or eut tout ;
Au pauvre diable il resta la nature.
Conclusion ; le pauvret est debout,
Et le richard est dans la sépulture.

L'ACCOMMODEMENT

DE LA VÉRITÉ ET DE LA CHARITÉ.

La vérité et la charité,
Si rares au siècle où nous sommes,
Etoient le plus beau don qu'eût fait le ciel aux hommes
Avant qu'ils l'eussent irrité.
Mais ces aimables sœurs ont quelquefois querelle ;
Le plus habile a peine à les concilier.

L'une est toujours ardente, et signale son zèle ;
L'autre est inexorable et ne sauroit plier.
S'il faut prendre parti , le choix est difficile.
Voyons de quelle adresse à franchir ce pas-là,
    Sut user un docteur habile,
    De l'école de Loyola.

    Dans Paris, une jeune fille ,
    Héritière d'un gros banquier ,
    Etoit l'honneur de sa famille ,
    Et l'ornement de son quartier.
    Plus d'un galant cherche à lui plaire ;
    Mais entre les devoirs rendus
    Près de la fille et de la mère ,
    Les soins d'un jeune mousquetaire
Semblent les plus ardens et les plus assidus.
    La mère , prudente, attentive,
Juge à propos d'entrer en explication,
    Et d'une recherche si vive
    Approfondit l'intention.
    Ma vue est toute légitime,
    Répond fièrement l'amoureux;
    Si je puis devenir heureux ,
    Ce ne sera pas par un crime.
    Faut-il quelqu'éclaircissement
    Sur mes moyens, sur ma noblesse ?
Chez le père recteur de la maison professe ,
    On peut en avoir aisément.
Quoi ! le père recteur, dit la bonne maman ?

Le témoignage est bon ; je connois sa droiture,
    Et j'aurois pour son sentiment
    Même foi que pour l'écriture.
    Ces mots au cœur du jeune amant
    Font luire un rayon d'espérance.
    Il vole, sans perdre un moment,
    Au couvent de sa révérence.
« Cher père, lui dit-il, mon sort est en vos mains ;
Un mot de votre part, contraire ou favorable,
    Va bientôt de tous les humains
Faire le plus heureux ou le plus misérable. »
Il s'explique, et le père est touché vivement
D'un discours que l'amour rendit plus pathétique,
Que tous ceux qu'enfanta l'art de la rhétorique.
Je suis à vous, dit-il ; mais j'ignore comment....
« Ecoutez, reprend-il ; je roule une pensée
    Qui va vous paroître insensée,
Mais qui peut à vos vœux servir utilement.
Je connois un richard, jaloux à toute outrance,
Et qui, pour échapper au destin des cocus,
    Offre cinquante mille écus
    A quelque homme de confiance
Qui de sa chère épouse assure l'innocence
Par de sages avis, par son inspection ;
    Mais, à cette condition,
    Que pour son entière assurance,
Cet argus se soumette à l'opération
    Qui n'est pas si commune en France
    Que chez certaine nation.

Si cet emploi suffit à votre ambition ,
    Vous en aurez la préférence . . . .
    —Ó l'admirable expédient
    Pour avancer mon mariage ,
    S'écria notre adolescent !
Morbleu ! pour les trésors qu'on puise en Orient,
    Pour tout l'or que roule le Tage ,
    Je ne livrerois pas ce gage . . . .
Modérez ce transport , dit le père en riant ,
    Et soyez moins impatient ;
    Je ne perds pas encore courage.
    Au domicile du recteur ,
    Paroît bientôt la bonne mère ;
    C'étoit son conseil ordinaire ,
    Et peut - être son directeur.
    Elle parle , elle questionne.
« Du jeune homme , dit-il , j'estime la personne ,
    Et respecte l'extraction ;
Elle est depuis long-tems avec distinction
    Sur les rives de la Garonne.
Quant à ses revenus , je n'en suis guère au fait ;
Mais je suis assuré qu'il possède un effet
Dont il a refusé quinze mille pistoles. »
La mère est satisfaite , et donne des paroles.
Les vœux de notre amant sont bientôt exaucés ,
Et les noces se font sans ces dépenses folles ,
    Sans ces apprêts vains et frivoles
Dont la plupart des grands sont trop embarrassés.
    Tout rit dans le nouveau ménage :

Sur la fin d'un repas où régnoit la gaîté,
Le recteur s'applaudit de sa dextérité
   A conduire un pareil ouvrage.
   Il fait voir que sa charité
   A bien joué son personnage
   Sans offenser la vérité.
La maman en rit peu : la bonne créature
   Voit d'un air assez consterné,
Que l'effet de son gendre est d'une autre nature
   Qu'elle n'avoit imaginé ;
Et contre le recteur à demi-bas murmure.
   « Pourquoi, disoit-elle en secret,
Ne convertir en or ce précieux effet?
   Pourquoi cette offre refusée?
   Oh, que l'échange me plairoit! »
   Mais on prétend que l'épousée
   N'en eut pas le même regret.

EXCUSE

De M. Piron *à* Procope *, sur les vers
précédant ce dernier Conte.*

Parfumé de l'encens du Pinde,
Au sommet duquel on te guinde,
Procope, ne rougis-tu pas
De revendiquer l'aromate

Dont notre sottise ici bas
Suffumige un fils d'Hipocrate ?

Mais quelque juste que puisse être
Le chagrin que tu fais paroître,
Ne m'en veux pourtant point de mal ;
Chasse mon tort de ta mémoire :
A Sylva je te crois égal,
Si de l'égaler tu fais gloire.

Dans ton audace illégitime,
Un autre droit que la rime
L'auroit induit à ce faux pas ;
Qu'elle en fait faire au plus habile !
Que Boileau même en pareil cas
Bronche entre Quinault et Virgile.

Mais la rime est-elle une excuse
Que doive alléguer une muse
Pour qui l'honneur a des appas ?
Non. Fût-elle encore plus stérile,
Cent Richelet ne valent pas
La civilité puérile.

Je n'ai voulu, je te déclare,
Marquer le savant ni l'ignare.
Eh ! qu'importe, ignare ou savant,
A qui se rit de l'art funeste
Où le plus versé très-souvent
Est le plus semblable à la peste ?

Des trois filandières sinistres
Je voulois nommer les ministres,

Sans toucher au point décisif,
Et seulement dans l'apologue
Citer d'entr'eux le plus oisif,
Pour l'opposer au plus en vogue.

Oh ! je te sais l'ami des belles,
Le favori des neuf pucelles,
Le charme de tes auditeurs,
Un Catulle, un Alcibiade ;
Je te sais mille adorateurs,
Et ne te sais pas un malade.

L'honneur du Pinde et de Cythère,
J'ai cru que tu ne songeois guère
A l'emploi de pacte assassin,
Que tu te piquois peu de l'être ;
Enfin je t'ai cru médecin,
Comme plus d'un évêque est prêtre.

Voilà l'esprit de l'antithèse,
Et pour peu qu'elle te déplaise,
Publie à tous mon repentir ;
Je publierai mon témoignage,
Et ne craindrai plus de mentir,
En te comparant à Vernage.

Même outre la palinodie,
En cas de grande maladie,
Dont on ne sauroit qu'augurer,
Le coupable avec diligence
T'appelera pour assurer
Ou son salut ou sa vengeance.

COUPLET

Sur l'Air : *Quel caprice ! quelle injustice ! etc.*

Qu'on me baise :
Plus chaud que braise,
Mon con, Nicaise,
Se présente à toi ;
  Qu'on me baise ;
Point de foutaise :
Viens, bande-à-l'aise,
Vîte, mets-le-moi.
Avance donc, foutu Colin :
Quoi ! tu n'es pas encore en train ?
  Et dans ma main,
Qu'à te branler je lasse en vain,
Ton vit, plus froid que glace,
  Reste molasse !
Il foutimasse :
Quel bougre d'engin !
  Mais il dresse ;
Par mon adresse
Le charme cesse :
Qu'il est gros et long !
  Que sa flamme
Brûle mon ame.
Ah ! je me pâme :
Que le foutre est bon !

L A B A T S E B A T H.

Autrefois sur le point du jour
Une certaine Barsabée,
Après sa cornette lavée,
Voulut se laver à son tour.
D'abord fut pour ôter la crasse;
Des doigts à la jambe l'on passe,
De la jambe jusqu'au genou,
Et de-là je ne sais pas où;
Tant qu'à la fin, chemise basse,
Elle s'en donna jusqu'au cou,
S'agitant de si bonne grâce,
Qu'un sage en fût devenu fou.
David, du haut de sa terrasse,
Je ne sais comment l'apperçut;
Elle étoit blonde, blanche et grasse:
Le voilà tout d'un coup en rut.
Le grand veneur de telle chasse
D'abord chez la belle courut,
Croyant trouver bonne place.
Il fit l'ambassade qu'il dut;
Mais avec sa bonne grâce,
La belle assez mal le reçut,
Soit pour la feinte ou la grimace:
Mais à la fin elle le crut.

David la joint, David l'embrasse,
Et tant y fit qu'elle conçut :
La première fois ce ne fut
Qu'afin de mieux marquer la chasse ;
L'enfant naquit, l'enfant mourut ;
Mais pour la seconde valut
Un trésor à l'humaine race,
Car de-là vint, comme à Dieu plut,
De main en main, nôtre salut.
Il faut avouer que la grâce
Fait bien des tours de passe-passe
Avant d'arriver à son but.

LE DÉBAUCHÉ

CONVERTI.

PUISSANT médiateur entre nous et la femme,
Qui du plaisir secret nous ourdissez la trame,
Des feux de Prométhée ardent dispensateur,
Et de la gente humaine éternel créateur ;
Portassiez-vous encore un plus superbe titre,
Du bonheur de mes jours vous n'êtes plus l'arbitre :
Ce plaisir violent dont je suis enchanté,
D'un tourment de six mois est trop cher acheté.
Qu'un autre que moi court après ce vain fantôme,
J'en connois le néant, grace à M. saint Côme :
Et ses sacrés réchauds sont l'utile creuset

Où

Où l'or faux du plaisir m'a paru tel qu'il est.
J'ai ruminé ces maux que sur son lit endure
Un pauvre putassier tout frotté de mercure ;
Des conduits saliviers, quand les pores ouverts,
Du virus repoussé filtrent les globes verts ;
Quand sa langue nageant dans des flots de salive,
Semble un canal impur qui coule une lessive :
Ah ! que sur son grabat se voyant enchaîné,
Un ribaud voudroit bien n'avoir pas dégaîné !
Qu'il déteste l'instant où sa pompe aspirante
Tira le suc mortel de sa cruelle amante !
L'œil cave, le front ceint du fatal chapelet,
Le teint pâle et plombé, le visage défait,
Les membres décharnés, une joue alongée,
Sa phanète atteignant son plus bas périgée ;
Alors avec David il prononce ces mots :
« La vérole, mon Dieu, m'a criblé jusqu'aux os. »
Car, par MALUM, David entend l'humeur impure
Qu'il prit d'Abigaïl, comme je conjecture ;
D'autant que cette femme, épouse de Nabal,
De son mari pouvoit avoir gagné ce mal.
Ce Nabal, en effet, est peint au saint volume
Tel qu'un compagnon propre au poil comme à la plume ;
Et qui, quand il trouvoit fille de bonne humeur,
De ses bubons enflés méprisant la tumeur,
Lui faisoit sur le dos faire la caracole,
Eût-il été certain de gagner la vérole.
Aussi je suis surpris que David, ce grand clerc,
Au fait d'Abigaïl, ait pu voir si peu clair.

C

Certes, besoin n'étoit d'être si grand prophète,
Ni d'avoir sur son nez la divine lunette,
Pour voir que de Nabal tout le sang corrompu,
Ayant poivré le flanc qui s'en étoit repu,
C'étoit nécessité que son hardi priape
Eût la dent agacée en mordant à la grape.
Mais, quoi ! vit-on jamais raisonner un paillard ?
Il prit, les yeux fermés, ce petit mal gaillard,
Dont quelque tems après sa flamberge en furie
Enticha le vagin de la femme d'Urie.
De mes ébats aussi j'ai tiré l'usufruit ;
Mais, grace au vif-argent, mon virus est détruit ;
Mon sang purifié coule libre en mes veines,
Et deux globes malins ne gonflent plus mes aînes.
Du trône du plaisir les parois resserrés
Ne laissent plus couler mille sucs égarés ;
Et ce moine velu que le prépuce enfroque,
De trois rubis rongeurs voit dérougir sa toque.
Triste et funeste coup ! pouvois-je le prévoir,
Qu'une fille aussi jeune eût pu me décevoir ?
Deux lustres et demi, qu'un an à peine augmente,
Voyoient bondir les monts de sa gorge naissante ;
Un cuir blanc et poli, mais élastique et dur,
Tapissoit le contour de son jeune fémur ;
A peine un noir duvet de sa mousse légère,
Couvroit l'antre sacré que tout mortel révère ;
Les couleurs de l'aurore éclairoient sur son teint,
Elle auroit fait hennir le vieux moufti latin.
Un front, dont la douceur à la fierté s'allie,

La firent à mes yeux plus vierge qu'Eulalie.
Aussi combien d'assauts fallut-il soutenir,
Avant que d'en pouvoir à mon honneur venir !
A mon honneur ! je faux ; disons mieux, à ma honte.
Après deux mois d'égards, de soupirs, je la monte.
Dieu ! quelle volupté, quand sur elle étendu
Je pressnrois le jus de ce fruit défendu !
Sa gaîne assez profonde, en revanche peu large,
Entr'elle et mon acier ne laissoit point de marge.
Le piston à la main, trois fois mon jean-chouard
Dans ses canaux ouverts seringua son nectar,
Et trois fois la pucelle avec reconnoissance
Voitura dans mon sang sa vérolique essence.
Mais, quoi ! ma passion s'enflamme à ce récit ;
De mes tendons moteurs le tissu s'étrécit.
Mes esprits dans mes nerfs précipitent leur course,
Et de la volupté courent ouvrir la source.
Quoi donc ! irois-je, en proie à de vils intestins,
De mes os ébranlés empirer les destins !
Irois-je sur ces mers fameuses en naufrages,
Nautonnier imprudent, affronter les orages ?
Moi qui, comme Jonas qu'un serpent engloutit,
Ai servi de pâture à l'avide Petit.
Non, de la chasteté j'atteins enfin la cîme ;
Là, je rirai de voir cette pâle victime
Que la fourbe Vénus place sur ses autels,
Traîner les os rongés de ses poisons mortels.
Que le ciel, si jamais je vogue sur ce gouffre,
Fasse pleuvoir sur moi le bitume et le soufre ;

Que l'infamant rasoir qui tondit Abailard,
Me fasse de l'eunuque arborer l'étendard,
Si jamais enivré, fût-ce d'une pucelle,
Mon frocard étourdi saute dans sa nacelle.
Tout visage de femme à bon droit m'est suspect;
Quiconque a salivé doit fuir à son aspect.
Oui ! m'offrît-on le choix des onze mille vierges,
Jamais leurs feux sacrés n'allumeroient mes cierges.
Le jaloux Ottoman m'ouvrît-il son serrail,
Quand j'y verrois à nu l'albâtre et le corail,
Briller ces beaux corps qu'embellit la nature,
Mon priape seroit un priape en peinture.
Je dis plus : quand le ciel exprès de mon côté
Tireroit la plus rare et plus saine beauté,
Dieu sait si la chaleur de cette nouvelle Eve
Dans mon muscle alongé feroit monter la sève !
Beau sexe, c'en est fait, vos ébats séducteurs
Ne me porteront plus vos esprits destructeurs;
Je fuirai désormais votre espèce gentille,
Ainsi qu'au bord du Nil on fuit le crocodille;
Il est tems de penser à faire mon salut :
L'ame se porte mal, quand le corps est en rut.
Lorsque l'affreuse mort, au sec et froid squelette,
M'aura devant le juge assis sur la sellette,
Cent mille coups de cul ne me sauveront pas
Du foudroyant arrêt de l'éternel trépas.
C'est vous qui le premier avez fait tomber l'homme
Par l'attrait séducteur de la fatale pomme;

Mais vos culs dans l'abîme en ont plus descendus
Que ne feroient jamais tous les fruits défendus.
C'est avec vos filets que Satan nous attrape ;
C'est vous qui nous poussez sur l'infernale trape.
Vous séduiriez, morbleu, je crois, tous les élus.
Adieu, beau sexe, adieu, vous ne me tenez plus.

LA MULE DU PAPE.

Frère très-cher, on lit dans saint Mathieu,
Qu'un jour le Diable emporta le bon Dieu
Sur la montagne, et là lui dit : Beau sire,
Vois-tu ces mers, vois-tu ce vaste empire,
Ce nouveau monde, inconnu jusqu'ici,
Rome la grande et sa magnificence ?
Je te ferai maître de tout ceci,
Si tu veux me faire la révérence.
Notre seigneur, ayant un peu rêvé,
Dit au démon, que, quoiqu'en apparence,
Avantageux le marché fût trouvé,
Il ne pouvoit le faire en conscience,
Ayant toujours ouï dire en son enfance,
Qu'étant si riche on fait mal son salut.
Un tems après notre ami Belzébut
Alla dans Rome ; or, c'étoit l'heureux âge
Où Rome étoit fourmillière d'élus.
Le pape étoit un pauvre personnage,

Pasteur de gens, évêque, et rien de plus.
L'esprit malin s'en va droit au saint père,
Dans son taudis l'aborde, et lui dit : Frère,
Si tu voulois tâter de la grandeur ?
—Si j'en voulois ! oui , pardieu, monseigneur.
Marché fut fait, et voilà mon pontife
Aux pieds du Diable , et lui baisant la griffe.
Le farfadet, d'un ton de sénateur,
Lui mit au chef une triple couronne :
Prenez, dit-il, ce que Satan vous donne ;
Servez-le bien, vous aurez sa faveur.
O vous, papes ! voilà l'unique source
De tous vos biens, comme savez, et pour ce
Que le saint père avoit en son tracas
Baisé l'ergot de monsieur Satanas.
Ce fut depuis chose à Rome ordinaire,
Que l'on baisât la mule du saint père.
Que s'il advient jamais que ces vers-ci
Tombent ès mains de quelque galant homme,
C'est bien raison qu'il ait quelque souci
De les cacher, s'il fait voyage à Rome.

ODE A PRIAPE.

Foutre des neuf garces du Pinde ;
Foutre de l'amant de Daphné,
Dont le flasque vit ne se guinde
Qu'à force d'être patiné :

C'est toi que j'invoque à mon aide ;
Toi qui dans les cons, d'un vit roide,
Lance le foutre à gros bouillons :
Priape, soutiens mon haleine,
Et pour un moment dans ma veine
Porte le feu de mes couillons.

Que tout bande, que tout s'embrase :
Accourez, putains et ribauds.
Que vois-je ?... où suis-je ? ô douce extase !
Les cieux n'ont pas d'objets si beaux.
Des couilles en bloc arrondies,
Des cuisses fermes et bondies,
Des bataillons de vits bandés,
Des culs ronds sans poils et sans crottes,
Des cons, des tétons et des mottes
D'un torrent de foutre inondés.

Restez, adorables images,
Restez à jamais sous mes yeux ;
Soyez l'objet de mes hommages,
Mes législateurs et mes dieux.
Qu'à Priape on élève un temple,
Où jour et nuit l'on vous contemple,
Au gré des vigoureux fouteurs.
Le foutre y servira d'offrandes,
Les poils de couilles de guirlandes,
Les vits de sacrificateurs.

Aigle, baleine, dromadaire,
Insecte, animal, homme, tout :

C 4

Dans les cieux, sous l'eau, sur la terre
Tout nous annonce que l'on fout :
Le foutre tombe comme grêle,
Raisonnable ou non, tout s'en mêle,
Le con met tous les vits en rut,
Le con du bonheur est la voie,
Dans le con gît toute la joie ;
Mais hors du con point de salut.

Quoique plus gueux qu'un rat d'église,
Pourvu que mes couillons soient chauds,
Et que le poil de mon cul frise,
Je me fous du reste en repos.
Grands de la terre, l'on se trompe,
Si l'on croit que de votre pompe
Jamais je puisse être jaloux.
Faites grand bruit, vivez au large ;
Quand j'enconne et que je décharge,
Ai-je moins de plaisirs que vous ?

Que l'or, que l'honneur vous chatouille,
Sots avares, vains conquérans ;
Vivent les plaisirs de la couille !
Et foutre des biens et des rangs !
Achile, aux rives de Scamandre,
Pille, détruit, réduit tout en cendres ;
Ce n'est que feu, que sang, qu'horreur :
Un con paroît, passe-t-il outre ?
Non, je vois bander mon jean-foutre ;
Le héros n'est plus qu'un fouteur.

De fouteurs la fable fourmille :
Le Soleil fout Leucothoé,
Cynire fout sa propre fille,
Un taureau fout Pasiphaé,
Pygmalion fout sa statue,
Le brave Ixion fout la nue ;
On ne voit que foutre couler.
Le beau Narcisse, pâle et blême,
Brûlant de se foutre lui-même,
Meurt en tâchant de s'enculer.

Socrate, direz-vous, ce sage
Dont on vante l'esprit divin,
Socrate a vomi peste et rage
Contre le sexe féminin ;
Mais pour cela le bon apôtre
N'en a pas moins foutu qu'un autre.
Interprêtons mieux ses leçons ;
Contre le sexe il persuade ;
Mais sans le cul d'Acibiade,
Il n'eût pas tant médit des cons.

Mais voyons ce brave cynique,
Qu'un bougre a mis au rang des chiens,
Se branler gravement la pique
A la barbe des Athéniens :
Rien ne l'émeut, rien ne l'étonne ;
L'éclair brille, Jupiter tonne,
Son vit n'en est point démonté :
Contre le ciel sa tête altière,

Au bout d'une courte carrière,
Décharge avec tranquillité.

Cependant Jupin dans l'Olympe
Perce des culs, bourre des cons;
Neptune au fond des eaux y grimpe
Nymphes, syrènes et tritons;
L'ardent fouteur de Proserpine
Semble dans sa couille divine
Avoir tout le feu des enfers.
Amis, jouons les mêmes farces;
Foutons tant que le con des garces
Nous foute enfin l'ame à l'envers.

Tysiphone, Alecton, Mégère,
Si l'on foutoit encore chez vous;
Vous, Parques, Caron et Cerbère,
De mon vit vous tâteriez tous;
Mais, puisque par un sort barbare
On ne bande plus au Ténare,
Je veux y descendre en foutant:
Là, mon plus grand tourment, sans doute,
Sera de voir que Pluton foute,
Et de n'en pouvoir faire autant.

Redouble donc tes infortunes,
Sort, foutu Sort, plein de rigueur;
Ce n'est qu'à des ames communes
A qui tu peux foutre malheur:
Mais la mienne que rien n'alarme,

Plus ferme que le vit d'un carme,
Se rit des maux présens, passés.
Qu'on m'abhorre, qu'on me déteste,
Que m'importe? mon vit me reste;
Je bande, je fous, c'est assez.

LE PRÉSERVATIF

DE L'ORGUEIL.

CERTAIN novice auprès d'un loyoliste
Se confessoit d'être entiché d'orgueil;
Et cependant le nègre sodomiste,
Au jouvenceau faisant joyeux accueil,
Ardoit tout vif en son sacré fauteuil;
Tant qu'à la fin, sous l'ardente gouttière,
Approchante vîte une des mains du frère,
Et l'inondant: Tiens, dit l'humble profès,
Regarde, enfant d'orgueil et de misère,
EX QUO LUTO NASCUNTUR HOMINES.

SAINT GUIGNOLÉ.

CONTE.

TROP bien savez que dans la Grèce,
Des beaux arts autrefois maîtresse,
Priape aux plaisirs consacré,

Fut en grand'pompe révéré.
Son nom seul dans le catéchisme
Portoit un air de volupté.
Bref, plus grande divinité
Ne fut onc dans le paganisme.
Ses temples étoient boulingrins,
Vergers fleuris, et beaux jardins,
Où, par d'excusables foiblesses,
De Paphos les jeunes prêtresses
Venoient mêler l'emportement
A la douceur du sentiment.
Là n'habitoit sagesse austère,
Qui, trop souvent par vains discours,
De nos plaisirs trouble le cours ;
Mais bien l'art d'aimer et de plaire,
Douce et vive persuasion,
Desirs redoublés sur ses forces,
Jeux badins, qui, par mille amorces,
Piquent l'imagination.
Le plaisir seul étoit le guide
Qu'on choisissoit pour s'égarer,
Et la jouissance rapide
Désapprenoit à soupirer.
Dans ces réduits si pleins de charmes,
Priape étoit représenté
Avec son sceptre, avec des armes
D'une merveilleuse beauté.
Quelles armes, dont la blessure
Fait couler un plaisir flatteur !

Divin Priape, à ta piquure
S'émeut le plus farouche cœur.
Heureuse la nymphe légère
Qui, trompant sa jalouse mère,
Peut saisir un poignard si doux !
Qui, sentant tressaillir son ame
De la volupté qui l'enflamme,
Et meurt et revit de ses coups !
Pour nous, vil peuple, race étique,
De cette armure magnifique
Nous portons un léger fragment :
Ce qu'à Priape la nature
Donna si libéralement,
Nous ne l'avons qu'en miniature.
Sans être gascon sur ce point,
Cependant je ne m'en plains point.
Mais pourquoi ma muse cynique,
Osant d'un œil audacieux
Percer dans les secrets des Dieux,
Recherche-t-elle un saint antique ?
Il s'en présente un dans ces lieux,
Qui vaut Priape et beaucoup mieux :
C'est le benêt saint Guignolé,
Qui, fuyant sa triste patrie,
Où régnoit Bellonne en furie,
Traversa le ruisseau salé,
Pour venir en pays sauvage,
Sans nulle consultation,
De zèle et de dévotion

Faire le triste apprentissage.
Lieux escarpés il choisissoit,
De mets grossiers se nourrissoit,
Buvoit son vin jusqu'à la lie :
Mais, quand chez lui se présentoit
Veuve accorte ou femme jolie ,
Le bon hermite qu'il étoit ,
Tout doucement l'entretenoit ,
Parlant d'une façon si belle ,
Que tant nice et jeune fût-elle ,
A son point bientôt l'amenoit.
Or , ne pensez que ce langage
Déplût aux beautés du canton ;
Chacune du saint personnage
Vouloit tirer quelque leçon :
Lui-même n'y pouvoit suffire ,
Bien que , graces aux heureux talens
Que le ciel donne à ses cliens ,
Sur l'article il fut un grand sire.
Après sa mort on lui rendit
Honneurs divins, sans contredit.
Tous ces dévots brûlant de zèle ,
(Avec dévots , j'entends ici
Nombre de dévotes aussi),
Lui bâtirent une chapelle
Sur le penchant d'un verd côteau ,
Lieu propre à faire la prière
Qu'on trouve ès heures de Cythère.
Tout auprès serpente un ruisseau

Qui semble dire en son langage :
Profitez de votre bel âge ;
Saisissez les momens heureux
Que le ciel accorde à vos vœux.
Ainsi que fuit cette onde pure,
Le tems s'échappe sans retour.
Suivez la voix de la nature,
Elle vous présente un beau jour.
Au-dedans de cette chapelle,
Où vient souvent troupe fidelle,
Aucun portrait n'est étalé,
Hors celui de saint Guignolé.
Sans draperie et toute nue,
Mais, pleine de cette fierté
Que sait donner la volupté,
Paroît en un coin sa statue.
Tout ce qui peut d'un corps parfait
Offrir l'image intéressante,
S'y trouve assemblé trait pour trait.
Le sculpteur, à la main savante,
Par un chef-d'œuvre de son art,
A sur-tout formé jean-chouart
Dans une attitude si belle,
Si touchante est si naturelle,
Qu'il n'est Lucrèce, à son aspect,
Qui ne frémisse de respect.
Or, ne présumez qu'à la vue
Tout son métier soit borné :
Au nouveau Priape est donné

Talent de plus grande étendue,
Talent qui grossit chaque jour
Les revenus du dieu d'amour.
Car toute matrone indignée
De n'avoir support ni lignée,
Et voyant que dans son mari
Le ruisseau d'amour est tari,
N'a qu'à racler d'une main sûre
Ce précieux échantillon,
Ce doux ami de la nature,
Et pour boire de la raclure
Bien infusée en un bouillon,
Pas n'est besoin d'autre aventure.
Aussi-tôt ventre de grossir,
Langueur de se faire sentir ;
Bref, pour le fruit du mariage,
Bien plus utile est ce breuvage,
Qu'un époux froid et catereux,
Le plus souvent encore goutteux,
Qui, suivant l'usage ordinaire,
De l'hymen au geste glacé,
Auprès de sa femme placé,
Ne fait, hélas ! que de l'eau claire.
Ici, dira quelque censeur,
Affectant un souris moqueur,
En pensant me mettre à la gêne ;
Si de votre saint ratissé,
Et dans un bouillon infusé,
Fille buvoit à tasse pleine,

Dites-moi , du dévot outil ,
Bien ou mal arriveroit-il ?
A cela ma réponse est prête.
D'abord dirai , je n'en sais rien :
Fille prudente et d'air honnête ,
Craint toujours de risquer son bien ;
Et puis un importun critique ,
Un Bussy , par des traits railleurs ,
Trop applaudi de maints lecteurs ,
Viendroit la mettre en sa chronique.
Si pourtant le saint s'égaroit ,
Et par une erreur imprévue ,
Agissoit à la boulevue ,
Quel grand mal cela causeroit !
J'ai vu mainte fille en ma vie ,
Fille d'esprit , jeune et jolie ,
Qui , pour avoir au tendre ébat
Reçu par fois échec et mat ,
N'en a que mieux été choyée ,
Même pour pucelle employée.
Les maris sont de bonnes gens ;
On les condamne à tous dépens :
Témoin de Vulcain l'épousée ,
Et de Mamolin la fiancée.
Pour eux ne brille cette fleur
Qu'amour diligent moissonneur
Sait recueillir avant la fête
Que le tardif hymen s'apprête.

54 **P O É S I E S**

LEÇON A MA FEMME.

Uxor, vade foras, aut moribus utere nostris.
Martial, 3, 104.

Ma femme, allez au Diable, ou vivez à ma mode :
Ma morale n'est pas d'un Caton, d'un fâcheux ;
    Je suis pour la vertu commode,
Et la vôtre s'oppose à tout ce que je veux.
    J'aime à passer les nuits à table ;
Et vous, qui devriez, avec un air ouvert,
Animer la débauche et la rendre agréable,
Vous faites la grimace, et sortez au dessert.
Votre pudeur ne peut soutenir la lumière ;
La seule obscurité contente vos desirs ;
    Et pour rendre ma joie entière,
Il faut que le grand jour éclaire mes plaisirs.
Sous une longue jupe avec soin étendue,
Vous cachez ce qu'on doit découvrir aux maris ;
    Je ne trouve que des habits,
    Et je cherche une femme nue.
Au lieu de me donner des baisers ragoûtans,
    Vous me donnez des baisers de grand'mère,
    Vous demeurez sans voix, sans mouvement,
Loin de me seconder dans l'amoureux mystère :
Et quand pour m'exciter au doux jeu de Vénus,
J'ai besoin de vos mains, vous faites la sucrée,
    Vous vous fâchez, et n'y touchez non plus
      Que si c'étoit chose sacrée.

Je ne puis souffrir cet abus.
Tandis que le sommeil fermoit les yeux d'Ulysse,
Malgré sa mine prude et ses airs réservés,
    Pénélope pour exercice,
Avoit toujours la main où vous savez.   [ques,
Lorsqu'Hector et sa femme, en leurs humeurs lubri-
Usoient des droits d'hymen, ainsi que de raison,
C'étoit comme un signal à tous les domestiques,
Et l'on étoit en rut dans toute la maison.
    Si quelquefois il me prend fantaisie,
    Comme l'on dit, de tourner le feuillet,
        Vous me le refusez tout net.
        A son mari la sage Cornélie
        Accordoit cette courtoisie ;
    Porcie encore le souffroit à Caton.
Avant que Jupiter eût ravi Ganimède,
        Junon permettoit sans façon,
        Qu'il la traitât par intermède
Comme il traita depuis son aimable échanson.
    Mais puisque enfin une austère sagesse
        A pris sur vous tant de crédit,
        Soyez ailleurs une Lucrèce,
        Je veux une Laïs au lit.

L'HOSPITALIÈRE,

CONTE.

SOEUR Luce, jeune hospitalière,
Pour un jeune convalescent
Sentoit tout ce qu'un cœur ressent
Dans l'accès d'une ardeur première.
Je laisse à penser la manière
Dont fut servi l'adolescent;
Mille soins font sur son visage
Renaître les plus belles fleurs,
Et le brûlent de mille ardeurs
Pour la belle qui le soulage.
Un moment donc qu'il se livroit
Au doux espoir d'être aimé d'elle,
A l'instant accourut la belle:
Il en sentit croître son feu.
La nature à l'amour fidelle
Dans le moment joua son jeu;
Et pendant que l'amour rappelle
La formule d'un tendre aveu:
Mon cher enfant, s'écria-t-elle,
Guérissez ma crainte mortelle.
—Parlez; de quoi soupirez-vous?
Là, sa voix craintive s'arrête,
Et toute tremblante elle apprête

Sa main pour lui tâter le pouls.
Mais que l'amour a de malice !
Qu'il sait bien conduire un dessein !
Le convalescent prend la main
De la secourable novice ,
Et la conduisant doucement
Où la santé se manifeste ;
Par un subit attouchement ,
Fait voir qu'il en avoit de reste.
La belle se déconcerta ,
Rougit de honte et de surprise ,
Et voulut même quitter prise ;
Mais en vain elle le tenta ;
Son heureux amant l'emporta ;
Et pour marquer que son audace
A ses yeux devoit trouver grace ,
Voici ce qu'amour lui dicta :
Chassez la frayeur ridicule
Que vous inspire un vain scrupule ,
Belle Luce , et ne pensez pas
Faire désormais un usage
Qui déshonore vos appas.
Ces marques de convalescence ,
Je les dois à votre présence !
Mais vous devez à mon amour.
J'acquitte ma reconnoissance ,
Acquittez - vous à votre tour.
Nature prépare une crise
Qui couronne votre entreprise ;

Vous-seule pouvez me guérir.
Voulez-vous me faire mourir ?
Sœur Luce d'un si doux langage
Sentoit la pressante douceur,
Et l'amour dans son jeune cœur
En disoit encore davantage :
Son amant tout prêt d'être heureux,
A l'aide de mille étincelles,
Filles d'un desir amoureux,
Vit dans ses humides prunelles
Qu'elle brûloit des mêmes feux.
D'un bras qu'Amour guide, il l'enlève ;
L'Amour lui-même la soulève,
Et tire le rideau sur eux.

LE PSEAUTIER.

CONTE.

Du pieux roi David que les pseaumes sont beaux !
Ma fille, en vous couchant, faites-en la lecture ;
Eclairez-vous de ses flambeaux,
Votre ame sera toujours pure,
Je vous prête mon grand pseautier :
Plût à Dieu, ma chère Isabelle,
Que vous le sussiez tout entier !
—Oui, maman. Voici donc la belle
Qui prend le saint livre et le met,
Sans trop grand desir de le lire,

Très-promptement sous son chevet.
Or elle attendoit un beau sire.
Il vint, et les tendres ébats
Agitant draps et couverture,
Le pseautier descendu plus bas,
Se trouve au fort de l'aventure.
Bien plus, car du prudent ami,
La reliure toute neuve,
D'un plaisir qui n'est qu'à demi
Reçut une abondante épreuve.
Le matin, la mère arriva,
Et ne vit pas l'amant sans doute;
Mais son cher volume trouva
Tout maculé, tout en déroute.
A l'œil, au tact, à l'odorat,
Elle frémit, elle soupçonne.
Mon pseautier est en bel état!
Parlez - moi, petite friponne;
Je ne sais pas d'où vient cela.
En faute assurément je ne suis point tombée,
Sinon que j'ai rêvé que David étoit là,
Qui me prenoit pour Bethsabée.

LA RAGE D'AMOUR.
CONTE.

A Cupidon la jeune et belle Aminte,
Malgré l'hymen, sacrifioit toujours.
Son pauvre époux étoit en crainte

Qu'elle ne fît de nouvelles amours.
Il ne pouvoit en fermer la paupière,
Pestoit, veilloit tant qu'il en expira.
Lui mort, Aminte ayant libre carrière,
Se divertit en fille d'opéra
Qui n'est pas encore douairière.
Grand bruit en fut : son curé crut devoir
L'en avertir. Vous vous perdez, madame ;
Changez de vie, ou c'est fait de votre ame.
Hélas ! monsieur, je voudrois le pouvoir,
Lui répartit notre fringante veuve.
Qu'avancez-vous, mon pasteur, en grondant ?
Ah ! plaignez-moi : tel est mon ascendant,
De deux jours l'un me faut pratique neuve ;
Cela me vient d'un accident fatal ;
Ma modestie a causé tout mon mal.
A quatorze ans d'un chien je fus mordue ;
L'avis commun fut qu'on me devoit nue
Plonger en mer : nue on me dépouilla.
Honteuse alors de me voir sans chemise,
Incontinent je portai la main là,
Où vous savez, sans jamais lâcher prise.
On me replonge : or, qu'est-il arrivé ?
Mon corps alors, ô pudeur trop funeste !
Par-tout ailleurs du mal fut préservé,
Hors cet endroit où la rage me reste.

ÉPIGRAMME.

ÉPIGRAMME.

Un jour Salus oyant la messe,
Entendit une voix d'en haut
Qui chantoit avec allégresse,
Vit-a-Salus, d'un ton fort haut.
La belle, surprise de joie :
Quoi! dit-elle, le ciel m'envoie,
Connoissant ma nécessité,
Un vit que j'ai tant souhaité !
Ah, Seigneur ! la faveur est grande!
Je promets volontiers à ce bienheureux vit,
Puisqu'il me vient de toi, mon con chaud pour offrande.
Mais ayant passé tout le soir
Vainement dans un fol espoir,
Un noir chagrin échauffant lors sa bile,
Elle reprit ainsi, d'un ton plein de dépit :
Quoi! tu trompes, Seigneur, et je n'ai point de vit !
Ah! tout ce que tu dis n'est pas mot d'évangile.

*Madame la maréchale de la Motte, à l'occasion
d'une voix qu'elle entendit d'une église où elle étoit avec
madame la marquise de Salus, donna le couplet suivant.*

Non, je ne serai plus dévote....
Je ne dirai plus d'Oremus

D

Si l'on ne dit Vit-à-la-Motte,
Comme l'on dit vit-a-Salus.

LA FILLE VIOLÉE.

CONTE.

Zénogris, fille grande et forte,
Mais ingénue autant que fille de sa sorte,
Autour d'elle laissa tant tourner son amant,
    Qu'à la fin, je ne sais comment,
Ses jupes tous les jours devenoient trop étroites.
    Comme elle étoit des moins adroites,
Ses parens aussi-tôt s'apperçurent du cas.
    Dieu sait quel bruit et quel fracas
    Ce fut dans toute là famille !
Cependant le galant, quoique petit, mal fait,
Etoit riche ; ce point adoucit tout le fait.
    D'abord le père de la fille
    Va proposer au suborneur
D'épouser Zénogris, pour sauver son honneur :
Epouser est un sort où rarement aspirent
Ceux que l'amour n'a pas fait vraiment soupirer ;
    Et c'est ce qu'à peine ils desirent,
    Lorsqu'ils ont tout à desirer.
Aussi Christol (c'est le nom du jeune homme)
A ce triste propos n'eut garde de céder.
On supplie, on menace, on somme ;

Le plus court fut donc de plaider.
Devant les magistrats notre belle éplorée
Se plaint, montrant son ventre à son menton égal,
    D'avoir été déshonorée ,
Et demande qu'enfin par le nœud conjugal
    Cette honte soit réparée.
    Christol , d'une mine assurée ,
Et fourbe, comme sont les hommes d'aujourd'hui ,
    Dit que le fait n'est pas de lui.
    En cent façons on tâche à le surprendre ;
    Quelque parti qu'on puisse prendre,
Le drôle adroitement de tout doit se tirer.
Eh bien , Messieurs , répond Zénogris désolée ,
Puisqu'il m'y force , enfin il faut tout déclarer :
    Le perfide m'a violée.
Debout contre une porte arriva l'accident.
    Mais comment , dit le président ,
Un homme si petit qu'à peine il peut atteindre
    De la main jusqu'à votre front ,
    A-t-il pu debout vous contraindre
    A recevoir un tel affront ?
    Hélas ! la chose est très-certaine,
    Répond Zénogris sans tarder ;
Le voyant haleter et souffrir tant de peine ,
    Je me baissai tant soit peu pour l'aider.
    A ces mots , de rire éclatèrent
    Les juges , et la déboutèrent
    De sa vaine prétention.
    Si l'on jugeoit sans passion ,

Ou plutôt sans prévention,
Tout ce que dans le monde on nomme violence,
L'on verroit que ce n'est que pure fiction,
Et l'on n'y trouveroit que trop de vraisemblance
A cette présente action.

LE RÉVEIL.

CONTE.

N'A pas long-tems qu'avisai Madelon,
Qui reposoit sur la verte fougère ;
Un doux zéphir enfloit son cotillon,
Si que je vis presqu'à nu son derrière.
A tel aspect, Amour, ce fis-je alors,
Le beau fessier ! la chair blanche et polie !
Que Madelon cache à l'œil de trésors !
Lors m'approchant de la belle endormie,
Tout bellement la pris entre mes bras,
Et d'une main qu'amour rendoit hardie,
Je découvris ses plus secrets appas.
Dormoit toujours la gentille pucelle,
Ou le feignoit, car n'ouvroit la prunelle ;
Jamais sommeil ne fut plus apparent.
De l'éveiller me prit la fantaisie,
Et me souvint qu'en cas peu différent
J'avois guéri femelle assez jolie
De certain mal qu'on nomme pâmoison.

Peut-être encor c'est ce mal ; que sait-on ?
Or quel malheur, si telle maladie
Faisoit mourir sans secours Madelon !
Sans plus tarder, j'appliquai le remède ;
Prêt il étoit, et n'avoit besoin d'aide ;
Du premier coup la tirai du sommeil :
Lors Madelon se frottant la paupière :
Bon gré, me dit, vous sais de mon réveil ;
Et grand plaisir m'avez-vous fait, compère.
Viendrai dormir tous les jours en ce lieu,
Puisque si bien savez comme il faut faire ;
Pas ne manquez de m'éveiller. Adieu.

LE MAL D'AVENTURE.

CONTE.

ALISON se mouroit d'un mal
Au bout du doigt ; mal d'aventure.
Va trouver le père Pascal,
Lui dit sa sœur, et plus n'endure :
Ses remèdes sont excellens ;
Il te guérira, je t'assure :
Il en a pour les maux de dents,
Pour l'écorchure et pour l'enflure ;
Il fait l'ongent pour la brûlure.
Va donc sans attendre plus tard ;
Le mal s'accroît quand on recule :

Et donne-lui le bonjour de ma part.
Elle va, frappe à la cellule
Du révérend père frappart.
Bonjour, mon frère ; Dieu vous gard,
Dit-elle ; ma sœur vous salue,
Et moi qui suis ici venue,
Lasse à la fin de trop souffrir,
Mais ma sœur vient de me promettre
Que vous voudrez bien me guérir
Un doigt qui me fera mourir ;
Non, je ne sais plus où le mettre.
—Mettez, dit Pascal, votre doigt
Les matins en certain endroit
Que vous savez. —Hélas ! que sais-je ?
Dites-le-moi, frère Pascal,
Tôt, car mon doigt me fait grand mal.
—O l'innocente créature !
Avez-vous la tête si dure ?
Certain endroit que connoissez,
Puisqu'il faut que je vous le dise,
C'est l'endroit par où vous pissez.
Eh bien ! m'entendez-vous, Alise ?
—Mon frère, excusez ma bêtise,
Répond Alix, baissant les yeux :
Suffit, j'y ferai de mon mieux.
Grand merci de votre recette ;
J'y cours, car le mal est pressé.
—Quand votre mal sera passé,
Venez me voir, Alisonnette,

Dit le frère, et n'y manquez pas.
Soir et matin, à la renverse
Elle met remède à son mal.
Enfin l'abcès mûrit et perce.
Alison saine va soudain
Rendre grace à son médecin,
Et du remède spécifique
Lui vante l'étonnant succès.
Pascal, d'un ton mélancolique,
Lui repart : Un pareil abcès
Depuis quatre jours me tourmente ;
Vous seriez ingrate et méchante
Si vous me refusez le bien
Que vous avez par mon moyen.
Alix, j'ai besoin de votre aide,
Puisque vous portez le remède
Qui sans faute peut me guérir.
Eh quoi! me verrez-vous mourir,
Après vous avoir bien guérie?
—Non, dit Alix; non, sur ma vie;
Je ferois un trop grand péché.
Tel crime.... Allons donc, je vous prie,
Guérissez-vous, frère Pascal ;
Approchez vîte votre mal.
A ces mots, dom Pascal la jette
Sans marchander, sur sa couchette,
L'étend bravement sur le dos,
Et l'embrasse. O dieu, qu'il est gros!
Dit Alix: quel doigt! eh! de grace,

Arrêtez.... Je le sens qui passe.
—Ma chère Alix, attends un peu ;
Je me meurs.... Souffre que j'achève.
—Ah ! reprit Alix toute en feu,
Vous voilà guéri, l'abcès crève.

L'ÉCORCHURE.

CONTE.

ANNETTE et le berger Etienne,
Tous deux d'amour épris ,
Passoient et les jours et les nuits
A l'ombre des forêts , à parler de leurs peines.
Lui , sans certain plaisir , ne pouvant être heureux,
Un soir fatal à la vertu d'Annette,
Etienne la pressoit, l'œil enflammé d'ardeur.
Son heure étant venue , une langueur secrète
Dont la bergère encore ignoroit la douceur,
Coule insensiblement jusqu'au fond de son cœur.
Dieux, que vos lois sont inhumaines !
Quel penchant donnez-vous pour des plaisirs si doux,
Dit-elle ? Je me rends , Etienne ; vengez-vous
De mes rigueurs et de vos peines.
Le berger aussi-tôt, dévorant d'appétit,
Prend le bout du lacet, ce reste de machine
Que sans nommer chacun devine.
Le bout étoit trop gros , ou le trou trop petit.

La belle crie ; il pousse, à la fin il engaîne ;
Mais, hélas ! par malheur, alors le pauvre Etienne
S'écorche en un endroit peu distant du nombril.
Etienne, une heure après, riant avec Annette,
Vit cet endroit sanglant : Je suis perdu, dit-il ;
C'est fait de moi, j'en tiens. Il court, il s'inquiette,
   Conte la chose ainsi qu'elle s'est faite.
Pauvre sot ! lui dit-on, qui se plaignit jamais
     Qu'une fille, fût trop bien faite ?
     Retourne-t-en, demeure en paix,
     Et fais gloire de ta blessure.
Je connois des amans, même des plus hupés,
     Qui, maudissant dame nature,
Voudroient bien, comme toi, qu'on les eût écorchés.

LA FILLE CHARITABLE.

Du bon Guillot le vit se roidissoit,
Et le poignoit si fort concupiscence,
Que dans un coin se manuélisoit.
La bonne Alix, curieuse, s'avance,
Voyant jaillir ce sperme merveilleux :
Ah ! quel malheur, lui dit la bonne dame !
Un peu plutôt j'eusse empêché qu'aux cieux
N'eussiez, impie, escamoté cette ame.

LA PUCE.

CONTE.

Le hasard seul, sans l'aide du génie,
Est quelquefois père d'inventions.
Tel est vanté pour les productions,
Qui n'y pensa peut-être de sa vie;
C'est ce qu'on voit tous les jours en chimie.
Nature tient tous ses trésors ouverts
Aux ignorans aussi bien qu'aux experts;
Le tout dépend d'en faire la rencontre;
Sans la chercher souvent elle se montre.
Nous le voyons par l'exemple d'Agnès,
Qui n'étoit fille à découverte aucune,
Mais qui pourtant un matin en fit une
Que cent nonnains vanteront à jamais.
Voici le fait. Suivante d'une dame
Etoit Agnès; farouche elle avoit l'ame,
Non par vertu, mais par tempérament,
Ainsi que l'on voit qu'il arrive à la femme,
Lorsque le ciel la traite durement.
La jeune Agnès passoit pour fille sage;
Elle étoit belle et n'avoit que quinze ans.
Auprès d'Agnès laquais du voisinage
Ne rencontroient que griffes et que dents.
Jeunes marquis visitoient la maîtresse

Pour voir Agnès ; mais sans distinction ,
Agnès , pour tous implacable tigresse ,
Egards n'avoit à la condition.
Amour, pour faire à son cœur quelques brèches,
Avoit contre elle épuisé maintes flèches ;
Sans nul effet elles portoient au cœur
Bien cuirassé ; si que , dans sa fureur ,
Amour jura de venger son outrage.
Mais ce courroux tomba sur son auteur ;
Agnès tourna tout à son avantage.
Dans la saison de l'aimable printems ,
Un jour, dit-on, de dimanche ou de fête ,
Du tendre émail dont Flore orne les champs ,
La jenne Agnès avoit paré sa tête.
Entre deux monts formant un sein de lys,
Etoit placée une rose naissante
Qui relevoit leur blancheur ravissante ,
Et recevoit un nouveau coloris ;
Dans un corset sa taille prisonnière
Pouvoit tenir sans peine entre dix doigts.
Sous un jupon d'une étoffe légère ,
Un bas de lin paroissoit quelquefois,
Tiré si bien et si blanc à la vue ,
Qu'on auroit cru voir une jambe nue :
Bref, dans l'enclos d'un soulier fait au tour ,
Son petit pied inspiroit de l'amour.
L'enfant aîlé , plus espiègle qu'un page,
Comme j'ai dit , lui gardoit une dent.
Voici le tems , dit-il ; çà, faisons rage ,

Et dérangeons tout ce vain étalage
Chez cet objet qui m'est indifférent.
Aussi-tôt dit, il change de nature,
Puce devient : d'abord lui saute au cou,
Au front, au sein, à la main ; fait le fou,
Laissant par-tout une vive piquure.
Notre beauté, sensible à cet assaut,
Cherche la puce, en veut faire justice ;
Mais Cupidon s'esquive par un saut,
Et doucement sous son corset se glisse,
Y fait carnage et n'en veut déloger.
Fillettes sont bons morceaux à gruger ;
L'amour en fait souvent son ordinaire.
Si, comme lui, je savois me venger,
De par saint Jean, je ferois bonne chère.
Agnès en feu déchire son corset,
Le jette au loin, arrache sa chemise,
Et montre au jour deux montagnes de lait,
Où sur chacune une fraise est assise.
Elle visite et regarde en tous lieux
Où s'est caché l'ennemi qui l'assiége ;
Mais il étoit déjà loin de ses yeux,
Et lui mordoit une cuisse de neige.
Ce dernier coup accroît ses déplaisirs ;
Elle défait sa jupe, toute émue.
Au même instant, mille amoureux zéphirs
Vont caresser ce qui s'offre à leur vue,
Et combattant en foule à ses côtés,
Pour une heureuse et douce préférence,

Souvent

Souvent l'amour d'une prompte vengeance,
Qui l'attendoit au sein des voluptés.
A la faveur d'un saut, d'une gambade,
Le petit Dieu soutient sa mascarade,
Aux barres joue, et sans cesse fend l'air.
Il vient s'offrir de lui-même à la belle,
Puis il échappe, aussi prompt qu'un éclair,
Et fait cent tours d'un vrai polichinelle.
Pendant ce jeu, vers un jeune taillis
L'amour lorgnoit un portail de rubis,
Fief en tous lieux relevant de Cythère,
Mais que la belle, injuste et téméraire,
Avec chaleur disputoit à Cypris.
Plus mille fois que la nature humaine,
Les immortels sont jaloux de leurs droits.
Puis il étoit question d'un domaine
A faire seul l'ambition des rois.
Dans son enceinte aux alarmes fermée,
Régnoient en paix les délices des sens;
Il y couloit une source enflammée
De pâmoisons et de ravissemens.
Contre tels forts besoin est de courage;
L'amour en a bonne provision.
Il fait l'attaque, il force le passage,
Et prend d'assaut ce fameux apanage,
Malgré l'effort de la rébellion.
Calmez, Agnès, ce courroux qu'on voit naître;
Ne craignez rien pour ce charmant séjour;
Si le premier l'amour s'en rend le maître,

E

C'est un tribut qui n'est dû qu'à l'amour.
Vaine raison ; on court à la vengeance.
Un doigt de rose, à cet effet armé,
Tient lui tout seul l'ennemi renfermé,
Et le pressant, l'attaque à toute outrance.
Cupidon fuit par un étroit sentier :
On le poursuit ; l'attaque est redoublée ;
Le doigt vengeur met l'alarme au quartier,
Et la demeure en est toute troublée.
Les citoyens de ce séjour heureux,
Les doux plaisirs, les charmantes ivresses,
Jusques alors oisifs et langoureux,
Par ce combat sortent de leurs mollesses :
Chacun d'un vol badin et caressant,
S'empresse autour de son aimable mère,
Répand sur elle un charme ravissant,
Et lui fait tôt oublier sa colère.
Ce doigt vengeur, au meurtre destiné,
Fait sous ses coups naître mille délices :
L'amour lui-même en est tout étonné,
Et se repent déjà de ses malices ;
Il craint de voir son trône abandonné,
Et ses autels privés de sacrifices.
De son palais enfin la volupté,
Sur l'œil d'Agnès pousse une sombre nue ;
Elle se pâme, elle tombe éperdue :
L'amour s'échappe et court épouvanté
Remplir Vénus d'une alarme imprévue.
De son extase à peine revenue,

L'aimable enfant recommença ce jeu ;
Elle y prit goût, et par elle dans peu
Dans l'Univers la science en fut sue :
Mais nuit et jour, chez le peuple nonain,
Il fut en vogue, où cette heureuse histoire
Fut aussi-tôt écrite sur l'airain,
Pour en graver à jamais la mémoire.

LE PLACET.

CONTE.

Du tems qu'il se trouvoit en France
Des magistrats un peu galans,
Un intendant à l'audience
Promenoit ses regards parmi ses supplians,
Et recevoit leurs vœux d'un grand air d'importance.
Il avise en un coin, dans une humble posture,
Une petite créature
Tenant un placet à la main.
Elle a seize ans, teint de lis et de rose :
Elle a sans doute une bien bonne cause.
Approchez, bel enfant ; monseigneur est humain ;
Aux opprimés il fut toujours propice ;
Ah ! sûrement il vous rendra justice.
Monseigneur, en effet, la voit d'un œil benin,
Et lui dit d'une voix discrette :

Petite, à mon lever vous reviendrez demain.
Elle s'en va très-satisfaite.
Toute la nuit, aux yeux de sa grandeur
Viennent s'offrir les appas de la belle :
Quelle taille ! quels yeux ! quelle aimable pudeur !
Je m'y connois ; elle est pucelle !
Nous cueillerons demain cette rose nouvelle,
Ou nous aurons bien du malheur.
La nuit se passe ; enfin l'heure du lever sonne :
Monsieur Dumont, garçon intelligent,
A monseigneur apporte un restaurant,
Puis fait entrer la petite personne.
Eh, bonjour, mon cher ange ! allons, mettez-vous là.
Monseigneur, pardonnez.... le placet que voilà....
Nous avons tout le tems : approchez donc, vous dis-je.
En vérité, vous êtes un prodige.
De cette peau que j'aime la douceur !
Que cette bouche a de fraîcheur !
Je n'ai rien vu de si beau , je l'avoue.
Et de baiser chaque chose qu'il loue,
Et de son sein louer fort la blancheur ;
Mais, monseigneur !... mais, monseigneur....
Eh ! ne soyez donc pas honteuse.
Ma petite, écoutez, je veux vous rendre heureuse ;
Mais il vous faut aussi me rendre heureux.
M'entendez-vous?-Non, monseigneur.-Tant mieux !
C'est-à-dire qu'il faut.... qu'il faut me laisser faire.
Que faites-vous ? Attendez.... écoutez....
« Je suis malade ; j'ai...»-Que m'importe, ma chère?

Ah ! c'est en vain que vous me résistez.
  Ce fut en vain, la rose desirée
  Fut arrachée en un moment.
  On étoit surpris cependant
  Que d'aucune épine entourée,
  Elle eût cédé trop aisément.
Le placet va bientôt dévoiler ce mystère.
Ouvrez donc ce placet, monseigneur l'intendant.
  Il l'ouvre, il voit : « Madelaine Bellaire
    « Ose prier votre grandeur
» De vouloir la soustraire aux injustes poursuites
    » Du chirurgien le Vasseur,
» Qui demande cent francs pour cinq ou six visites,
» Tisane, ET CAETERA, qui n'ont pu la guérir. »
  —Seroit-ce vous ? —Eh oui, pour vous servir. —
Comment, coquine ! —Eh quoi ! vous êtes colère ?
  Ma faute est-elle volontaire ?
  J'ai refusé d'y consentir.
  Je disois, pour vous en avertir,
« Je suis malade ; j'ai.... » La chose étoit bien claire.
  Et puis, de voir mon placet tout d'abord
    Vous auriez dû prendre la peine.
    Elle avoit raison, Madelaine ;
    Et monseigneur, sentant son tort,
Promit qu'à l'avenir, crainte d'erreurs nouvelles,
Il liroit les placets, sur-tout ceux des pucelles.

SERMON CONTRE LE PÉCHÉ

DE LA CHAIR.

O MES CHERS paroissiens ! ô brebis déplorables !
S'écrioit un curé prêchant contre la chair ;
   Si ce péché qui vous met en enfer
     Avoit des momens plus durables ;
     S'il pouvoit se perpétuer
Cent ans, cinquante, dix, un seulement sans pause,
Même pendant un mois sans discontinuer,
     Du moins ce seroit quelque chose :
Mais en bien moins de tems vous êtes condamnés.
O nature fragile ! ô foiblesse de l'homme !
Savez-vous en combien votre arrêt se consomme ?
Je vous en avertis, pécheurs infortunés :
Et zague, zague, zague, et vous voilà damnés.

JOUISSANCE.

AMOUR ! qu'injustement j'ai blâmé ton empire !
Des maux que j'ai soufferts ai-je dû m'offenser,
     Quand tu viens de récompenser
D'un moment de plaisir un siècle de martyre ?
J'ai fléchi mon Iris après de longs soupirs ;
     Ce cher objet de mes desirs,

Cette insensible Iris, cette Iris si farouche,
Dans mille ardens baisers vient de plonger mes feux;
Mon ame toute entière a volé sur ma bouche,
    J'ai savouré la fraîcheur
    De ses lèvres demi-closes.
    Sa bouche avoit la couleur,
    Son haleine avoit l'odeur
    Et le doux parfum des roses.
Je ressentis alors une douce langueur
S'emparer de mes sens et couler dans mon cœur.
D'amour et de plaisir nos yeux étincelèrent :
Mon cœur en tressaillit, nos esprits s'allumèrent;
Et livrés l'un à l'autre à nos emportemens,
Nous cherchâmes le sort des plus heureux amans.
Sans voix, sans mouvement, mon Iris éperdue,
Laissoit mille beautés en proie à mon ardeur;
    Comme elle oublioit sa rigueur,
    J'oubliois lors ma retenue ;
    Et je me souviens seulement
    Que dans ce bienheureux moment,
Par un excès d'ardeur nos forces suspendues,
Nos corps entrelacés, nos ames confondues,
Nous ont laissé livrés aux plaisirs les plus doux,
Inconnus aux mortels moins amoureux que nous.

LA PERRUQUE DU CURÉ.

CONTE.

La nuit un coche ayant versé,
On tomba les uns sur les autres;
Chacun se crut le cou cassé,
Et dépêchoit ses patenôtres.
Dans l'entre-deux d'un gros fessier,
Un curé fut pris par la nuque;
Il retira son chef entier,
Mais il y laissa sa perruque;
Il la cherche en l'obscurité.
Une dame fort étonnée
Se plaint de sa témérité :
Monsieur, suis-je assez tâtonnée?
Le curé s'excusa beaucoup,
Et pour appaiser son murmure,
Lui dit : Je la tiens pour le coup,
Car j'ai le doigt dans la tonsure.

LE FRÈRE ET LA SOEUR.

Mon cher frère, disoit Sylvie,
Si tu quittois le jeu, que je serois ravie!
Ne le pourras-tu pas abandonner un jour?

—Oui, ma sœur, j'en perdrai l'envie
  Quand tu ne feras plus l'amour.
—Va, méchant, tu joueras tout le tems de ta vie.

ÉPIGRAMME.

Un homme d'une humeur gaillarde
Appela quelqu'un maquereau,
Qui lui répliqua bien et beau :
Que votre épouse est babillarde !

LE CHAPELIER.

CONTE.

En Avignon étoit un chapelier
Des mieux tournés, et plus beau cavalier
  Qu'on ne peint le dieu de la guerre ;
  En le voyant, femme ne tardoit guère
A se prendre en si beau lien.
Une comtesse en devint amoureuse ;
Elle souhaita d'être heureuse,
Ce qui lui fit employer ce moyen :
Elle envoya chercher Montagne,
Sous mine de faire un chapeau
A son mari le comte d'Oripeau,
Qui pour lors étoit en campagne.

E 5

L'Adonis n'étoit pas si novice en ce point,
Qu'il ne jugeât fort bien que l'aventure
Simplement n'aboutiroit point
A prendre d'un chapeau la burlesque mesure.
Aussi, dès qu'il eut vu parler
Les yeux mourans de la comtesse,
Il crut qu'au fait il pourroit droit aller,
Sans blesser la délicatesse ;
Par quoi tirant du bosquet de Paphos
Ce dieu que dédaignoit Saphos,
Il l'offre aux regards de la belle.
Le compagnon lui plut si fort,
Qu'elle voulut en orner sa chapelle.
La galante n'avoit pas tort.
Le compagnon étant de taille énorme,
Foula comme il faut le castor ;
La comtesse fournit la coëffe avec la forme ;
Moyennant quoi le mari fut coëffé
D'un castor fort bien étoffé.
Quoi ! c'est là tout le stratagême,
Dit un valet, voyant le drôle à l'atelier ?
Ma foi, sans être chapelier,
J'aurois coëffé monsieur de même.

LES BELLES JAMBES.

Colin, poussé d'amour folâtre,
Regardoit à son aise un jour
Les jambes plus blanches qu'albâtre

De Rose, objet de son amour.
Tantôt il s'adresse à la gauche,
Tantôt la droite le débauche.
Je ne sais plus, dit-il, laquelle regarder ;
Une égale beauté fait un combat entr'elles.
—Ah! lui dit Rose, ami, sans plus tarder,
Mettez-vous entre deux, pour finir leurs querelles.

LE MARI RAISONNABLE.

Roland, allant faire voyage,
Laissa son épouse à Paris.
Elle, usant du droit de veuvage,
Pour un retrouva dix maris.
A son retour, en homme sage,
Roland, loin de faire tapage,
Comme tant d'époux convaincus
Par leur faute de cocuage,
Dit l'exploitant de grand courage :
Ah! que je fais là de cocus !

LES DEUX AMIS.

Axiochus avec Alcibiades
Jeunes, bien faits, galans et vigoureux,
Par bon accord, comme grands camarades,

E 6

En même nid furent pondre tous deux.
Qu'arriva-t-il ? l'un des deux amoureux
Tant bien exploite autour de la donzelle,
Qu'il en naquit une fille si belle,
Qu'ils s'en vantoient tous deux également.
Le tems venu que cet objet charmant
Put pratiquer les leçons de sa mère,
Chacun des deux en voulut être amant,
Plus n'en voulut l'un et l'autre être père.
Frère, dit l'un, ah ! vous ne sauriez faire
Que cet enfant ne soit vous tout craché.
—Parbleu, dit l'autre, il est à vous, compère ;
Je prends sur moi le hasard du péché.

SONNET.

Pour éviter l'ardeur du plus grand jour d'été,
Catin dessus un lit dormoit à demi-nue,
Dans un état si beau, qu'elle eût même tenté
L'humeur la plus pudique et la plus retenue.
Sa jupe permettoit de voir en liberté
Ce petit lieu charmant qu'elle cache à la vue,
Le centre de l'amour et de la volupté,
La cause du beau feu qui m'enflamme et me tue.
Un si sensible objet, en cette occasion,
Bannissant mon respect et ma discrétion,
Me fit foutre à l'instant cette belle dormeuse ;
Alors elle s'éveille à cet effort charmant,

Et s'écrie aussi-tôt : Ah ! que je suis heureuse !
Les biens , comme l'on dit, me viennent en dormant.

RONDEAU.

L'AIMABLE cul de Briséis
N'a point de pareil, ni de prix ;
Plus rond qu'une boule d'ivoire ,
Le croira qui voudra le croire ,
J'en ai presque mes sens ravis ;
Mon cœur de joie en est épris ;
Et j'ai toujours dans ma mémoire
  L'aimable cul.
Celui de la reine des ris
Mille fois plus blanc que les lis ,
Couronné de grace et de gloire ,
N'est pas si vanté dans l'histoire
Que le sera dans mes écrits
  L'aimable cul.

A MONSIEUR DE***,

Qui avoit envoyé des perdrix à l'Auteur, et qui, sur son remercîment en vers, lui avoit fait de nouveaux présens.

PUISQUE, vous payant en chansons,
Seul bien qui de moi peut dépendre,
Je vois chez moi de nouveaux dons

Dès le lendemain se répandre ;
Je ne dis plus mot pour suspendre :
Un trafic tel que celui-ci ;
Je serois un ingrat à pendre
D'oser dire encor grand'merci.

LE CORDELIER CHEVAL.

BLAISE à la ville ayant un jour porté
Et bien vendu son avoine et son orge,
Sur un cheval qu'il avoit acheté,
S'en revenoit monté comme un saint George.
Saint George, soit ; mais saint George descend
A ses besoins, ou quand le pied lui gèle.
Les pieds gelés, Blaise en vain s'en défend ;
Il lui fallut abandonner la selle,
De cavalier devenir fantassin,
De son cheval lui-même être le guide,
Et dans la neige entr'ouvrir un chemin,
Tirant la bête après lui par la bride.
Suivoient de loin deux grisons bien dispos,
Non des grisons de l'espèce indolente,
De celui-là qui porta sur son dos
Le palfrenier du fameux Rossinante :
C'étoit de ceux que Bocace nous vante,
De ces matois connus par plus d'un tour,
Ou de galant, ou d'espiègle, ou d'ivrogne,
De ces bons saints qui se firent un jour

Martyriser et cuire en Catalogne :
Deux cordeliers, pour vous le trancher net,
Suivoient de loin et l'homme et le genêt.
Sus, sus, l'ami, dit l'un des deux à l'autre ;
Vois devant nous ce rustre et son cheval ;
Faisons un tour ici de carnaval ;
Entendons-nous et la rupture est nôtre :
Seulement songe à me bien seconder.
Goutte ne faut avoir ici, ni crampe ;
Je le saurai doucement débrider ;
Toi cependant, habile à t'évader,
Sur le cheval monte, pique et décampe ;
Puis sur nos pas derrière ce clocher,
Tandis qu'à fin je menerai l'affaire,
Tournant tout court, tu courras te cacher :
Je suis un sot, ou tu n'attendras guère
Que sain et sauf je n'aille t'y chercher.
Le complot fait, et la marche hâtée,
Gaillardement à l'œuvre les voilà.
Déjà par un voici la bride ôtée,
Et proprement à son col ajustée,
Tandis que l'autre en galopant s'en va,
Sans que le bruit des pieds du quadrupède
Fût, ni ne pût de Blaise être entendu.
Le paillasson sur la plaine étendu,
Un pied de neige y mettoit bon remède.
Au lieu marqué le cavalier alla ;
Qu'il ne soit plus parlé de celui-là.
Son compagnon, cette affaire arrangée,

Resté pour gage et seul dans l'embarras,
Sur les talons de Blaise pas à pas,
La bride au cou pendante et négligée,
La tête basse et l'échine alongée,
Alloit un train dont il étoit bien las,
Quand Blaise aussi, las de marcher lui-même,
Voulut enfin reprendre l'étrier.
Figurez-vous quelle surprise extrème,
Se retournant, de voir un cordelier !
Est-il esprit si fort qui n'y succombé ?
En cas pareil, en croiriez-vous vos yeux ?
Au pauvre Blaise, homme simple et pieux,
La bride échappe et de la main lui tombe.
Le papelard, humble à fendre les cœurs,
S'agenouillant, et d'un œil de colombe,
Bien tendrement laissant couler des pleurs,
S'écrie.: Hélas ! je suis père Paphnuce,
De saint François indigne et lâche enfant,
Que de la chair le démon triomphant,
Dans ses filets fit tomber par astuce.
Que voulez-vous? le plus sage a bronché;
Le tentateur mit un morceau d'élité
A l'hameçon : j'y mordis, je péchai ;
J'y remordis, j'y restois attaché ;
C'en étoit fait ; j'allois, en proie au Diable,
Etre du vice à jamais entiché ;
Mais Dieu qui veut, en père pitoyable,
L'amendement, non la mort du coupable,
Pour me tirer de l'abîme infernal

Où m'entraînoit cette habitude au mal,
Et m'amener à la récipiscence,
Constitua mon ame en pénitence,
Pendant sept ans, dans le corps d'un cheval.
Le terme expire, et vous êtes le maître
De me traiter à votre volonté ;
Ordonnez-moi l'écurie ou le cloître,
A vous je suis, vous m'avez acheté.
Eh oui, dit Blaise, au Diable soit l'emplette !
J'eus belle affaire à vos péchés passés,
Pour en payer ainsi les pots cassés !
De Dieu pourtant la volonté soit faite ;
Car, après tout, comme vous j'ai péché ;
J'ai comme vous mérité pénitence ;
Chacun son tour ; toute la différence
Qu'ici je vois dont je suis bien fâché,
La vôtre est faite, et la mienne commence :
Quitte j'en suis encore à bon marché ;
Dieu m'auroit pu sept ans envoyer paître.
Un roi pécheur fut bœuf pendant sept ans ;
Vous fûtes, vous, cheval un pareil tems ;
Un tems pareil âne je pouvois être,
Et maintenant travaillant au moulin,
Bien autrement je rongerois mon frein.
Eh bien ! je perds une assez grosse somme :
Mais cinq cents francs ne sont pas la mort d'un
Soyez donc libre, et libre sans rançon :   [homme ;
Vous serez sage, et vous n'irez pas comme
Un étourdi, remordre à l'hameçon.
Qui de si près a frisé les chaudières,

Sur son salut n'est pas si négligent ;
Père Paphnuce, au moins pour mon argent,
Souvenez-vous de moi dans vos prières.
Notre bon père alors se prosternant,
Et par trois fois ayant baisé la terre,
Son chapelet et les pieds du manant,
Gai sur ses pas s'en retourne en grand'erre,
Tandis que, triste et le gousset vidé,
Blaise, chargé d'une bride inutile,
En véritable et bel oison bridé,
Regagne à pied son petit domicile.
Il ne dit rien de l'accident fatal,
Et s'en fût tû long-tems, comme on peut croire,
Si, quelques mois après dans une foire,
Il n'eût revu, reconnu son cheval
Que marchandoit son compère Grégoire.
Il s'émerveille, et souriant à part :
Ami, dit-il le tirant à l'écart,
N'achète pas ce cheval, et pour cause ;
Tu t'en mordrois les pouces tôt ou tard :
Je le connois ; sois bien sûr d'une chose ;
C'est qu'un beau jour te panadant en roi
Sur cette bête en effet assez belle,
Crac, en chemin, tout d'un coup au lieu d'elle,
Tu trouveras un cordelier sous toi.
—Un cordelier ! tu voudrois que je crusse...
Un cordelier ! tu gausses... — Point du tout ;
Un maître moine ayant cordon, capuce,
Grise vêture, et hon père Paphnuce.

Lors il conta le fait de bout en bout,
L'achat, la route et la métamorphose,
Et l'hameçon fatal au franciscain,
Et les sept ans de purgatoire, enfin
Tout ce qu'il sait ; le reste, il le suppose.
Tiens, poursuit-il, à peine le bourreau
S'est retrouvé sous sa première peau,
Et sous le froc, que, perdant la mémoire
Du châtiment qui lui fut si bien dû,
A l'hameçon il aura remordu,
Et.... le voilà! Peste, interrompt Grégoire,
Qu'il aille au diable avec son hameçon,
Et ses sept ans de nouveau purgatoire!
Vraiment sans toi j'étois joli garçon ;
C'est cinq cents francs que je gagne : allons boire.

LES TROIS MANIÈRES.

Que les Athéniens étoient un peuple aimable !
Que leur esprit m'enchante, et que leurs fictions
Me font aimer le vrai sous les traits de la fable !
La plus belle, à mon gré, de leurs inventions,
Fut celle du théâtre, où l'on faisoit revivre
Les héros du vieux tems, leurs mœurs, leurs passions.
Vous voyez aujourd'hui toutes les nations
Consacrer cet exemple, et chercher à le suivre.
Le théâtre instruit mieux que ne fait un gros livre.

Malheur aux esprits faux dont la sotte rigueur
Condamne parmi nous les jeux de Melpomène !
Quand le ciel eut formé cette engeance inhumaine,
La nature oublia de lui donner un cœur.
Un des plus grands plaisirs du théâtre d'Athène
Etoit de couronner, dans des jeux solemnels,
Les meilleurs citoyens, les plus grands des mortels.
En présence du peuple on leur rendoit justice.
Ainsi j'ai vu Villars, ainsi j'ai vu Maurice,
Qu'un maudit courtisan quelquefois censura,
Du champ de la victoire allant à l'opéra,
Recevoir des lauriers de la main d'une actrice.
Ainsi, quand Richelieu revenoit de Mahon,
(Qu'il avoit pris pourtant en dépit de l'envie)
Par-tout sur son passage il eut la comédie ;
On lui battit des mains encor plus qu'à Clairon.
Au théâtre d'Eschile, avant que Melpomène
Sur ton cothurne altier vînt parcourir la scène,
On décernoit les prix accordés aux amans.
Celui qui, dans l'année, avoit pour sa maîtresse
Fait les plus beaux exploits, montré plus de tendresse,
Mieux prouvé par les faits ses nobles sentimens,
Se voyoit couronné devant toute la Grèce.
Chaque belle plaidoit la cause de son cœur,
De son amant aimé racontoit les mérites,
Après un beau serment dans les formes prescrites,
De ne pas dire un mot qui sentît l'orateur,
De n'exagérer rien, chose assez difficile

Aux femmes, aux amans, et même aux avocats.
On nous a conservé l'un de ces beaux débats,
Doux enfans du loisir de la Grèce tranquille.
C'étoit, il m'en souvient, sous l'arconte Eudamas.

Devant les Grecs charmés trois belles comparurent,
La jeune Eglé, Théone et la triste Apamis.
Les beaux esprits de Grèce au spectacle accoururent;
Ils étoient grands parleurs, et pourtant ils se turent,
Ecoutant gravement, en demi-cercle assis.
Dans un nuage d'or, Vénus avec son fils,
Prêtoit à leur dispute une oreille attentive.
La jeune Eglé commence : Eglé simple et naïve,
De qui la voix touchante et la douce candeur
Charmoient l'oreille et l'œil, et pénétroit au cœur.

É G L É.

Hermotime, mon père, a consacré sa vie
Aux muses, aux talens, à ces dons du génie
Qui des humains jadis ont adouci les mœurs.
Tout entier aux beaux arts, il a fui les honneurs;
Et sans ambition, caché dans sa famille,
Il n'a voulu donner pour époux à sa fille,
Qu'un mortel comme lui, favorisé des Dieux,
Elevé dans son art, et qui sauroit le mieux
Animer sur la toile, et chanter sur sa lyre
Ce peu de vains attraits que m'ont donné les cieux.
Ligdamon m'adoroit : son esprit sans culture
Devoit, je l'avouerai, beaucoup à la nature ;

Ingénieux, discret, poli sans compliment,
Parlant avec justesse, et jamais savamment ;
Sans talens, il est vrai, mais sachant s'y connoître,
L'amour forma son cœur, les grâces son esprit.
Il ne savoit qu'aimer ; mais qu'il étoit grand maître
Dans ce premier des arts que lui seul il m'apprit !
Quand mon père eut formé le dessein tyrannique
De m'arracher l'objet de mon cœur amoureux,
Et de me réserver pour quelque peintre heureux
Qui feroit de bons vers et sauroit la musique ;
Que de larmes alors coulèrent de mes yeux !
Nos parens ont sur nous un pouvoir despotique ;
Puisqu'ils nous ont fait naître, ils sont pour nous
　　　　　des dieux.
Je mourrois, il est vrai, mais je mourrois soumise.
Ligdamon s'écarta, confus, désespéré,
Cherchant loin de mes yeux un asyle ignoré.
Six mois furent le terme où ma main fut promise.
Ce délai fut fixé pour tous les prétendans.
Ils n'avoient tous, hélas ! dans leurs tristes talens,
A peindre que l'ennui, la douleur et les larmes.
Le tems qui s'avançoit redoubloit mes alarmes ;
Ligdamon tant aimé me fuyoit pour toujours :
J'attendois mon arrêt, et j'étois au concours.
Enfin, de vingt rivaux les ouvrages parurent ;
Sur leurs perfections mille débats s'émurent ;
Je ne pus décider ; je ne les voyois pas :
Mon père se hâta d'accorder son suffrage
Aux talens trop vantés du fier et dur Harpage.

On lui promit ma foi ; j'allois entre ses bras :
Un esclave empressé frappe, arrive à grands pas,
Apportant un tableau d'une main inconnue ;
Sur la toile aussi-tôt chacun porta la vue :
C'étoit moi. Je semblois respirer et parler,
Mon cœur en longs soupirs paroissoit s'exhaler ;
Et mon air et mes yeux, tout annonçoit que j'aime :
L'art ne se montroit pas, c'est la nature même,
La nature embellie, et par de doux accords,
L'ame étoit sur la toile aussi bien que le corps ;
Une tendre clarté s'y joint à l'ombre obscure,
Comme on voit au matin le soleil de ses traits
Percer la profondeur de nos vastes forêts,
Et dorer les moissons, les fruits et la verdure.
Harpagé en fut surpris, il voulut censurer ;
Tout le reste se tut et ne put qu'admirer.
Quel mortel, ou quel Dieu, s'écrioit Hermotime,
Du talent d'imiter fait un art si sublime ?
A qui ma fille enfin devra-t-elle sa foi ?
Ligdamon se montrant, lui dit : Elle est à moi ;
L'amour seul est son peintre, et voilà son ouvrage.
C'est lui qui dans mon cœur imprima cette image ;
C'est lui qui sur sa toile a dirigé ma main.
Quel art n'est pas soumis à son pouvoir divin ?
Il les anime tous. Alors, d'une voix tendre,
Sur son luth accordé Ligdamon fit entendre
Un mélange de sons doux et harmonieux ;
On croyoit être admis dans le concert des Dieux.
Il peignit comme Appelle, il chanta comme Orphée.

Harpage en frémissant, sa fureur étouffée
S'exhaloit sur son front, et brûloit dans ses yeux.
Il prend un javelot de ses mains forcenées,
Il court, il va frapper ; je vis l'affreux moment
Où le traître à sa rage immoloit son amant,
Où la mort d'un seul coup tranchoit deux destinées.
Ligdamon l'apperçoit ; il n'en est point surpris ;
Et de la même main sous qui son luth résonne,
Et qui sut enchanter nos cœurs et nos esprits,
Il combat son rival, l'abat et lui pardonne.
Jugez si de l'amour il mérite le prix !
Et permettez du moins que mon cœur la lui donne.

Ainsi parloit Eglé. L'Amour applaudissoit ;
Les Grecs battoient des mains, la belle rougissoit ;
Elle en aimoit encore son amant davantage.

Théone se leva : son air et son langage
Ne connurent jamais les soins étudiés :
Les Grecs, en la voyant, se sentoient égayés.
Théone, souriant, conta son aventure
En vers moins alongés, et d'une autre mesure,
Qui courent avec grace, et vont à quatre pieds,
Comme en fit Hamilton, comme en fait la nature.

THÉONE.

Vous connoissez tous Agaton ;
Il est plus charmant que Nirée,
A peine d'un naissant coton.

Sa ronde joue étoit parée ;
Sa voix est tendre ; il a le ton
Comme les yeux de Cythérée.
Vous savez de quel vermillon
La blancheur vive est colorée
La chevelure d'Apollon
N'est pas si longue et si dorée.
Je le pris pour mon compagnon
Aussi-tôt que je fus nubile.
Ce n'est pas sa beauté fragile
Dont mon cœur fut le plus épris ;
S'il a les grâces de Pâris,
Mon amant a le bras d'Achille.

Un soir dans un petit bateau,
Tout auprès d'une isle cyclade,
Ma tante et moi goûtions sur l'eau
Le plaisir de la promenade,
Quand de Lydie un gros vaisseau
Vient nous aborder à la rade.
Le vieux capitaine écumeur
Venoit souvent dans cette plage
Chercher des filles de mon âge
Pour les plaisirs du gouverneur.
En moi je ne sais quoi le frappe ;
Il me trouve un air assez beau ;
Il laisse ma tante, il me happe,
Il m'enlève comme un moineau,
Et va me vendre à son satrape.
Ma bonne tante, en glapissant,

Et la poitrine déchirée,
S'en retourne au port du Pirée
Raconter au premier passant
Que sa Théone est égarée ;
Que de Lydie un armateur,
Un vieux pirate, un revendeur
De la féminine denrée,
S'en est allé livrer ma fleur
Au commandant de la contrée.
Pensez-vous alors qu'Agaton
S'amusât à verser des larmes,
A me peindre avec un crayon,
A chanter sa perte et mes charmes
Sur un petit psaltérion ?
Pour me ravoir il prit les armes ;
Mais n'ayant pas de quoi payer
Seulement le moindre estaffier,
Et se fiant sur sa figure,
D'une fille il prit la coëffure,
Le tour de gorge et le panier.
Il cacha sous son tablier
Un long poignard et son armure,
Et courut tenter l'aventure
Dans la barque d'un nautonnier.
Il arrive au bord du Méandre
Avec son petit attirail.
A ses attraits, à son air tendre,
On ne manqua pas de le prendre
Pour une ouaille du bercail

Où l'on m'avoit déjà fait vendre ;
Et dès qu'à terre il put descendre
On l'enferma dans mon serrail.
Je ne crois pas que de sa vie
Une fille ait jamais goûté
Le quart de la félicité
Qui combla mon ame ravie,
Quand dans un serrail de Lydie
Je vis mon Grec à mon côté,
Et que je pus en liberté
Récompenser la nouveauté
D'une entreprise si hardie.
Pour époux il fut accepté.
Les dieux seuls daignèrent paroître
A cet hymen précipité :
Car il n'étoit point là de prêtre ;
Et, comme vous pouvez penser,
Des valets on peut se passer,
Quand on est sous les yeux du maître.

Le soir, le satrape amoureux,
Dans mon lit, sans cérémonie,
Vint m'expliquer ses tendres vœux.
Il crut, pour appaiser ses feux,
N'avoir qu'une fille jolie ;
Il fut surpris d'en trouver deux.
Tant mieux, dit-il, car votre amie,
Comme vous, est fort à mon gré.
J'aime beaucoup la compagnie ;
Toutes deux je contenterai,

N'ayez aucune jalousie.
Après sa petite leçon,
Qu'il accompagnoit de caresses,
Il vouloit agir tout de bon ;
Il exécutoit ses promesses,
Et je tremblois pour Agaton ;
Mais mon Grec, d'une main guerrière,
Le saisissant par la crinière,
En tirant son estramaçon,
Lui fit voir qu'il étoit garçon,
Et parla de cette manière :

« Sortons tous trois de la maison
Et qu'on me fasse ouvrir la porte :
Faites bien signe à votre escorte
De ne suivre en nulle façon :
Marchons tous trois au rivage ;
Embarquons-nous sur un esquif,
J'aurai sur vous l'œil attentif :
Point de geste, point de langage ;
Au premier signe un peu douteux,
Au clignement d'une paupière,
A l'instant je vous coupe en deux,
Et vous jette dans la rivière. »

Le satrape étoit un seigneur
Assez sujet à la frayeur :
Il eut beaucoup d'obéissance.
Lorsqu'on a peur on est fort doux.
Sur la nacelle en diligence
Nous l'embarquâmes avec nous.

Sitôt que nous fûmes en Grèce ,
Son vainqueur le mit à rançon ;
Elle fut en sonnante espèce ;
Elle étoit forte , il m'en fit don :
Ce fut ma dot et mon douaire.

Avouez qu'il a su plus faire
Que le bel esprit Ligdamon ;
Et que j'aurois fort à me plaindre ,
S'il n'avoit songé qu'à me peindre ,
Et qu'à me faire une chanson.

Les Grecs furent charmés de la voix douce et vive ,
Du naturel aisé , de la gaîté naïve
Dont la jeune Théone anima son récit.
La grâce en s'exprimant vaut mieux que ce qu'on dit.
On applaudit, on rit ; les Grecs aiment à rire.
Pourvu qu'on soit content, qu'importe qu'on admire ?

———————

Apamis s'avança les larmes dans les yeux ;
Ses pleurs étoient un charme, et la rendoient plus belle.
Les Grecs prirent alors un air plus sérieux ;
Et dès qu'elle parla, les cœurs furent pour elle.
Apamis raconta ses funestes amours
En mètres qui n'étoient ni trop longs, ni trop courts :
Dix syllabes par vers mollement arrangées ,
Se suivoient avec art et sembloient négligées ;
Le rithme en est facile , il est mélodieux.
L'hexamètre est plus beau , mais par fois ennuyeux.

F 3

A P A M I S.

L'astre cruel sous qui j'ai vu le jour,
M'a fait pourtant naître dans Amathonte,
Lieux fortunés, où la Grèce raconte
Que le berceau de la mère d'amour
Par les plaisirs fut apporté sur l'onde :
Elle y naquit pour le bonheur du monde,
A ce qu'on dit, mais non pas pour le mien.
Son culte aimable, et sa loi douce et pure,
A ses sujets n'avoient fait que du bien,
Tant que sa loi fut celle de nature.
Le rigorisme a souillé ses autels ;
Les dieux sont bons, les prêtres sont cruels.
Les novateurs ont voulu qu'une belle,
Qui, par malheur, deviendroit infidelle,
Iroit finir ses jours au fond de l'eau,
Où la déesse avoit eu son berceau,
Si quelqu'amant ne se noyoit pour elle.
Pouvoit-on faire une loi si cruelle ?
Hélas ! faut-il le frein d'un châtiment
Aux cœurs bien nés pour aimer constamment ?
Et si jamais à la foiblesse en proie
Quelque beauté vient à changer d'amant,
C'est un grand mal ; mais faut-il qu'on la noie ?
Tendre Vénus ! vous qui fîtes ma joie
Et mon bonheur ! vous qu'avec tant de soin
J'avois servie avec le beau Batile,
D'un cœur si droit, d'un esprit si docile,

Vous le savez, je vous prends à témoin
Comme j'aimois, et si j'avois besoin
Que mon amour fût nourri par la crainte.
Des plus beaux nœuds la pure et douce étreinte
Faisoit un cœur de nos cœurs amoureux ;
Batile et moi nous respirions ces feux
Dont autrefois a brûlé la déesse.
L'astre des cieux en commençant son cours,
En l'achevant contemploit nos amours ;
La nuit savoit quelle étoit ma tendresse.
Arénorax, homme indigne d'aimer,
Au regard sombre, au front triste, au cœur traître,
D'amour pour moi parut s'envenimer ;
Non s'attendrir, il le fit bien connoître.
Né pour haïr, il ne fut que jaloux.
Il distilla les poisons de l'envie ;
Il fit parler la noire calomnie.
O délateurs ! monstres de ma patrie !
Nés de l'enfer, hélas ! rentrez-y tous :
L'art contre moi mit tant de vraisemblance,
Que mon amant put même s'y tromper,
Et l'imposture accabla l'innocence.
Dispensez-moi de vous développer
Le noir tissu de sa trame secrète ;
Mon tendre cœur ne peut s'en occuper,
Il est trop plein de l'amant qu'il regrette.
A la déesse en vain j'eus mon recours ;
Tout me trahit, je me vis condamnée
A terminer mes maux et mes beaux jours,

Dans cette mer où Vénus étoit née.
On me menoit au lieu de mon trépas ;
Un peuple entier mouilloit de pleurs mes pas,
Et me plaignoit d'une plainte inutile,
Quand je reçus un billet de Batile ;
Fatal écrit qui changeoit tout mon sort !
Trop cher écrit plus cruel que la mort !
Je crus tomber dans la nuit éternelle,
Quand je l'ouvris, quand j'apperçus ces mots :
« Je meurs pour vous, fussiez-vous infidèle. »
C'en étoit fait : mon amant dans les flots
S'étoit jeté pour me sauver la vie.
On l'admiroit, en poussant des sanglots.
Je t'implorois, ô mort ! ma seule envie,
Mon seul devoir ! On eut la cruauté
De m'arrêter lorsque j'allois le suivre.
On m'observa, j'eus le malheur de vivre.
De l'imposture la sombre iniquité
Fut mise au jour et trop tard découverte ;
Du talion il a subi la loi :
Son châtiment répare-t-il ma perte ?
Le beau Batile est mort, et c'est pour moi.

Je viens à vous, ô juges favorables !
Que mes soupirs, que mes funèbres soins
Touchent vos cœurs ; que j'obtienne du moins
Un appareil à des maux incurables.
A mon amant dans la nuit du trépas,
Donnez le prix que ce trépas mérite ;

Qu'il se console aux rives du Cocyte,
Quand sa moitié ne se console pas.
Que cette main qui tremble et qui succombe,
Par vos bontés encore se renimant,
Puisse à vos yeux écrire sur sa tombe :
ATHÈNE ET MOI, COURONNONS MON AMANT.

Disant ces mots, ses sanglots l'arrêtèrent ;
Elle se tut ; mais ses larmes parlèrent.

 Chaque juge fut attendri :
 Pour Eglé d'abord ils penchèrent ;
 Avec Théone ils avoient ri,
 Avec Apamis ils pleurèrent.
 J'ignore, et j'en suis bien marri,
 Quel est le vainqueur qu'ils nommèrent.
 Au coin du feu, mes chers amis,
 C'est pour vous seuls que je transcris
 Ces contes tirés d'un vieux sage.
 Je m'en tiens à votre suffrage ;
 C'est à vous de donner le prix,
 Vous êtes mon aréopage.

THÉLÈME ET MACARE.

THÉLÈME est vive, elle est brillante,
Mais elle est bien impatiente ;
Son œil est toujours ébloui,
Et son cœur tonjours la tourmente.

Elle aimoit un gros réjoui,
D'une humeur toute différente.
Sur son visage épanoui,
Est la sérénité touchante ;
Il écarte à-la-fois l'ennui
Et la vivacité bruyante.
Rien n'est plus doux que son sommeil ;
Rien n'est plus doux que son réveil ;
Le long du jour il vous enchante.
Macare est le nom qu'il portoit.
Sa maîtresse inconsidérée,
Par trop de soins le tourmentoit :
Elle vouloit être adorée ;
En reproches elle éclata :
Macare en riant la quitta,
Et la laissa désespérée.
Elle courut étourdiment
Chercher de contrée en contrée
Son infidèle et cher amant,
N'en pouvant vivre séparée.
Elle va d'abord à la cour :
Auriez-vous vu mon cher amour ?
N'avez-vous point chez vous Macare ?
Tous les railleurs de ce séjour
Sourirent à ce nom bizarre.
—Comment ce Macare est-il fait ?
Où l'avez-vous perdu, ma bonne ?
Faites-nous un peu son portrait.
—Ce Macare qui m'abandonne,

Dit-elle, un homme parfait,
Qui n'a jamais haï personne,
Qui de personne n'est haï,
Qui de bon sens toujours raisonne,
Et qui n'eut jamais de souci.
A tout le monde il a su plaire.
On lui dit : Ce n'est pas ici
Que vous trouverez votre affaire,
Et les gens de ce caractère
Ne vont pas dans ce pays-ci.

Thélème marcha vers la ville.
D'abord elle trouve un couvent,
Et pense, dans ce lieu tranquille,
Rencontrer son tranquille amant.
Le sous-prieur lui dit : Madame,
Nous avons long-tems attendu
Ce bel objet de votre flamme,
Et nous n'avons jamais vu ;
Mais nous avons en récompense,
Des vigiles du tems perdu,
Et la discorde et l'abstinence.
Lors un petit moine tondu
Dit à la dame vagabonde :
Cessez de courir à la ronde
Après votre amant échappé ;
Car si l'on ne m'a point trompé,
Ce bon homme est dans l'autre monde.
A ce discours impertinent,

Thélème se mit en colère :
Apprenez , dit-elle , mon frère ,
Que celui qui fait mon tourment
Est né pour moi.... quoi qu'on en dise :
Il habite certainement
Le monde où le destin m'a mise ,
Et je suis son seul élément.
Si l'on vous fait dire autrement ,
On vous fait dire une sottise.

La belle court de ce pas
Chercher au milieu du fracas
Celui qu'elle croyoit volage.
Il sera peut-être à Paris ,
Dit-elle , avec les beaux esprits ,
Qui l'ont peint si beau et si sage.
L'un d'eux lui dit : Sur mon avis
Vous pourriez vous tromper peut-être.
Macare n'est qu'en vos écrits ;
Nous l'avons peint sans le connoître.
Elle aborda près du palais ,
Ferma les yeux et passa vîte :
Mon amant ne sera jamais
Dans cet abominable gîte.
Au moins la cour a des attraits ;
Macare auroit pu s'y méprendre ;
Mais les noirs suivans de Thémis
Sont les éternels ennemis
De l'objet qui me rend si tendre.
Thélème au temple de Rameau ,

Chez

Chez Melpomène, chez Thalie,
Au premier spectacle nouveau,
Croit trouver l'amant qui l'oublie.
Elle est priée à ce repas
Où président les délicats
Nommés la bonne compagnie.
Des gens d'un agréable accueil
Y semblent, au premier coup-d'œil,
De Macare être la copie :
Mais plus ils étoient occupés
Du soin flatteur de le paroître,
Et plus à ses yeux détrompés
Ils étoient éloignés de l'être.

Enfin, Thélème au désespoir,
Lasse de chercher sans rien voir,
Dans sa retraite alla se rendre.
Le premier objet qu'elle y vit,
Fut Macare auprès de son lit,
Qui l'attendoit pour la surprendre.
Vivez avec moi désormais,
Dit-il, dans une douce paix,
Sans trop chercher, sans trop prétendre ;
Et si vous voulez posséder
Ma tendresse avec ma personne,
Gardez de jamais demander
Au-delà de ce que je donne.

Les gens de grec enfarinés,
Connoîtront Macare et Thélème,

G

Et vous diront sous cet emblême
A quoi nous sommes destinés.
Macare, c'est toi qu'on desire ;
On t'aime, on te perd ; et je croi
Que je t'ai rencontré chez moi,
Mais je me garde de le dire.
Quand on se vante de t'avoir,
On en est privé par l'envie ;
Pour te garder il faut savoir
Se cacher et cacher sa vie.

UN MARI QUI BAT SA FEMME.

Battre ta femme de la sorte,
Sous tes pieds la laisser pour morte,
Et d'un bruit scandaleux les voisins alarmer ;
Tu vas passer pour un infâme :
Compère, l'on sait bien qu'il faut battre une femme,
Mais il ne faut pas l'assommer.

AZOLAN.

A son aise, dans son village
Vivoit un jeune musulman,
Bien fait de corps, beau de visage ;
Et son nom étoit Azolan.

Il avoit transcrit l'alcoran,
Et par cœur il alloit l'apprendre :
Il fut, dès l'âge le plus tendre,
Dévot à l'ange Gabriel.
Ce ministre emplumé du ciel,
Un jour chez lui daigna descendre :
J'ai connu, dit-il, mon enfant,
Ta dévotion non commune ;
Gabriel est reconnoissant,
Et je viens faire ta fortune :
Tu viendras dans peu de tems
Iman de la Mecque et Médine ;
C'est, après la place divine
Du grand commandeur des croyans,
Le plus opulent bénéfice
Que Mahomet puisse donner.
Les hommes vont t'environner
Quand tu seras en exercice;
Mais il faut me faire serment
De ne toucher femme ni fille,
De n'en voir jamais qu'à la grille,
Et de vivre très-chastement.

Le beau jeune homme étourdiment,
Pour avoir des biens de l'église,
Conclut cet accord imprudent,
Sans penser faire une sottise.
Monsieur l'Iman fut enchanté
De l'éclat de sa dignité,

G 2

Et même encor de la finance
Dont il se vit d'abord payé·
Par un receveur d'importance,
Qui la partageoit par moitié.
Tant d'honneur et tant d'opulence
N'étoient rien sans un peu d'amour.
Tous les matins au point du jour
Le jeune Azolan tout en flamme,
Et par son serment empêché,
Se dit, dans le fond de son ame,
Qu'il a fait un mauvais marché.
Il rencontre la belle Amine,
Aux yeux charmans, au teint fleuri ;
Il l'adore, il en est chéri.
Adieu la Mecque, adieu Médine,
Adieu l'éclat d'un vain honneur,
Et tout ce pompeux esclavage :
La seule Amine aura mon cœur ;
Soyons heureux dans mon village.

L'archange aussi-tôt descendit
Pour lui reprocher sa foiblesse ;
Le tendre amant lui répondit :

« Voyez seulement ma maîtresse :
Vous vous êtes moqué de moi ;
Notre marché fait mon supplice.
Je ne veux qu'Amine et sa foi,
Reprenez votre bénéfice.
Du bon prophête Mahomet

J'adore à jamais la prudence ;
Aux élus de l'amour il permet ;
Il fait bien plus, il leur promet
Des Amines pour récompense.
Allez, mon très-cher Gabriel ;
J'aurai toujours pour vous du zèle ;
Vous pouvez retourner au ciel ;
Je n'y veux pas aller sans elle ».

L'AMOUR ET LA FOLIE.

ODE ANACRÉONTIQUE.

J'avois juré d'être sage,
Mais avant peu j'en fus las.
O raison ! c'est bien dommage
Que l'ennui suive tes pas !

J'eus recours à la Folie ;
Je nageai dans les plaisirs :
Le tems dissipa l'orgie ,
Et je perdis mes desirs.

Entr'elles je voltigeai ;
L'une et l'autre se ressemble ,
Et je les apprivoisai
Pour les faire vivre ensemble.

    Depuis, dans cette union,
    Je coule ma douce vie ;
    J'ai pour femme la raison,
    Pour maîtresse la folie.

    Tour à tour mon goût volage
    Leur partage mes desirs ;
    L'une a soin de mon ménage,
    Et l'autre de mes plaisirs.

LES GRACES RÉFORMÉES.

Lorsqu'en t'instruisant tu t'amuses
A considérer tous ces dieux,
Dont tant de favoris des Muses
Ont pris soin de peupler les cieux,
« On en pourroit, dis-tu, réformer quelques classes :
L'abondance des biens en fait tomber le prix.
Pourquoi, par exemple, trois Grâces ?
Une seule eût suffi. » D'accord, jeune Philis :
    Mais il étoit peu vraisemblable
Qu'une seule beauté rassemblât tant d'appas ;
    Puisqu'on ne te connoissoit pas,
    Cette erreur étoit pardonnable.

LE CHAPITRE GÉNÉRAL

DES CORDELIERS.

Déja la renommée avoit passé les mers,
Pour aller annoncer à cent peuples divers
Que l'invincible chef de la gent cordelière
Venoit de terminer son illustre carrière.
Déjà, pour faire choix d'un digne successeur,
De chaque monastère on assemble la fleur,
Et Tolède est choisi pour tenir l'assemblée
Où doit se réunir l'élite députée.
Le chapitre commence; il se tient à huis clos :
Un moine, beau parleur, l'ouvre par ce propos :
O vous ! dignes soutiens de toute gueuserie,
Vous qui faites valoir la sainte momerie,
Qui n'avez pour tout bien et pour tout revenu
Que le droit casuel et du con et du cul;
Vous qui de toutes parts venez ici vous rendre,
Au saint généralat vous qui voulez prétendre;
Vous vous flattez en vain que la brigue en ces lieux
Favorise jamais des vœux ambitieux.
Quiconque ose aspirer à cette grande place,
Ne doit sur ses talens attendre aucune grace.
Plus humbles, plus savans fussiez-vous mille fois;

Plus ardens à gueuser que le grand saint François,
Si vous n'avez des vits d'une énorme mesure,
Vous devez de ce rang vous-mêmes vous exclure :
Le mieux muni de nous doit être général ;
C'est-là pour notre choix le point fondamental.
A notre ordre aujourd'hui donnons un nouveau lustre;
Choisissons parmi nous le vit le plus illustre.
Pères, préparez-vous : voici l'instant fatal
Qu'il faut mettre au grand jour le sceptre monacal :
De vos roides engins montrez la révérence,
Et voyons qui de nous aura la préférence.
Alors, montrant le sien : Voici, dit-il, mes droits,
Et le signe assuré de mes fameux exploits ;
Quoiqu'on en ait tranché par un malheur funeste,
Pour être général, voyez ce qui me reste :
Révérends, c'est, je pense, un assez bel hochet.
A son aspect, on croit voir un vit de mulet.
Saisi d'un saint transport, un vieillard en lunette
S'approche, pour le voir fait une humble courbette;
De près il l'examine, et dit : Par saint François,
Voilà, je crois, de l'ordre un des plus beaux enchois.
Mais d'un air dédaigneux saisissant la parole,
Père Tapeux soutient que c'est une hyperbole ;
Prétendant qu'il n'a pas suffisante grosseur,
Défie, à son égard, le plus rude censeur;
Et levant de la main sa longue robe brune,
De l'autre, il sort un vit propre à faire fortune.
A peine le peut-on empoigner d'une main,

Long à proportion , carré, sec et mutin.
Voilà , dit-il , un vit rougissant de colère ,
Et non pas ce que vient de nous montrer le père.
Avec cet outil-là , je peux , sans me gêner ,
Fournir mes douze coups , dont six sans déconer.
Le chapitre sourit , et prend cette bravade
Pour un discours en l'air , pour une gasconade :
Mais le moine , piqué de cet affront nouveau ,
Frappe de son gros vit vingt fois sur le bureau :
Cet effort vigoureux fait trembler le chapitre :
L'on admire , l'on rend justice à votre titre ;
Vous méritez beaucoup , lui dit le président.
Père Tapeux , calmez ce noble emportement :
C'est assez , révérend ; contenez ce tonnerre :
Vous avez effrayé tout notre monastère ;
Votre engin à son tour doit être mesuré ,
Et s'il est le plus long , il sera préféré.
Père Examinateur , commencez votre ronde ;
Que chacun fasse voir sur quel titre il se fonde ;
Qu'on enregistre tout , la taille et la grosseur ,
Qu'on fasse mention exacte de longueur ,
Et du tour du bretteur; sur-tout qu'on examine
Les couilles et les vits jusques à leur racine ;
Enfin ce que chacun montrera de vigueur
Soit dans votre examen produit en sa faveur.
Et père Brise-motte et père l'Enfonceur
Ont leurs engins égaux en longueur, en grosseur ;
Également bandant , ils ont des reins de diable :
Les couillons sont égaux, enfin tout est semblable;

Mais comment faire un choix où tout paroît égal ?
Il faut pourtant que l'un des deux soit général :
Pour nous tirer, dit l'un, de cette incertitude,
Mettons-les tous les deux à quelqu'épreuve rude :
Pour choisir sans scrupule et sans prévention,
Faisons venir ici jeune fille et garçon ;
Sur l'un et l'autre sexe exerçons leur courage ;
Nous verrons qui des deux prend mieux un pucelage,
Lequel en fouterie est meilleur ouvrier ;
En un mot, qui des deux est meilleur cordelier.
Bientôt après ces mots on présente à la salle
Un jeune ganymède, une jeune vestale
Environ de quinze ans, plus belle que le jour,
Teint de rose et de lys, ouvrage de l'amour.
Chaque père en voyant cette jeune fillette,
Sent son bidet tout prêt à rompre sa gourmette.
Le président fait signe au père l'Enfonceur
De commencer l'épreuve, et grimper sur la sœur.
Sitôt dit, sitôt fait ; dessus une couchette
Mise en ces lieux exprès mon frocard vous la jette,
Il la trousse, et se met en devoir d'obtenir
Des plaisirs que l'amour ne sauroit définir.
Le père avec transport achève sa victoire,
Et retirant du con son vit couvert de gloire,
Sitôt il le renfonce, et pour dignes exploits,
De l'aveu du tendron, il décharge six fois,
Six fois sans déconner ; et puis levant sa cotte,
Il fait voir au grand jour la plus charmante motte
La cuisse la plus blanche, et le plus beau conin

Qui se trouva jamais sous jupe de nonnain.
Le vit du moine alors, montrant sa rouge tête,
S'échappe furieux de la sainte brayette ;
Écumant de luxure, il remonte à l'instant ;
Jean-chouard cette fois entre plus aisément.
Ce jeune petit con , quoique con de poupée ,
Au moine vigoureux laisse une libre entrée.
Dans ce second assaut, sans plainte et sans douleur,
De l'enfroqué jean-foutre elle remplit l'ardeur ;
Tant et si bien , qu'enfin ne pouvant passer outre,
Il lui laisse le con tout barbouillé de foutre.
Le père l'Enfonceur , illustre candidat ,
Ainsi fut éprouvé pour le généralat.
Le père Brise-motte, à son tour sur la scène,
Entre, et dit qu'il foutra dix coups tout d'une haleine.
Il essuie le con de cette jeune sœur,
Et dans trois coups de cul lui cause une douleur
Qui fait jeter des pleurs à la jeune innocente.
Le moine sans pitié dans son ardeur brûlante,
La serre entre ses bras , saisi d'un doux transport ,
Sentant son vit pressé comme par un ressort ,
Change en tendres soupirs les pleurs de sa conquête,
Et régale ce con d'une si belle fête ,
Que le cul de la nonne en sauta de fureur.
Le paillard darde au fond la bénigne liqueur,
Et suivant sans repos l'amoureux exercice ,
Douze coups , tous portans , son vit lui fut propice.
La douzaine finie, on crut qu'à cette fois
Le moine borneroit le cours de ses exploits :

On alloit opiner, quand ce nouvel Hercule
Retournant le tendron, du premier coup l'encule,
Sodomise deux coups, et deux fois déchargeant,
Il retire du cul deux fois son vit bandant.
Jusques là Brise-motte avoit eu l'avantage,
Et le chapitre alloit lui donner son suffrage :
Le mien n'est pas pour lui, répond frère Frappart ;
Au choix en question je prétends avoir part,
Et sur lui remporter une pleine victoire :
Mon vit n'est pas si long, je veux le croire ;
Mais pour foutre je veux lui damer le pion :
Je vais vous le montrer sur ce jeune garçon.
Il dit, et sur-le-champ déculottant le frère,
Aux yeux des papelards paroît le beau derrière.
Il pousse vivement son vit sans le mouiller ;
Sans effort et sans peine encule l'écolier.
Chacun frappe des mains à ce charmant spectacle ;
Et l'on tient que le coup approche du miracle ;
Quand le bougre, charmé de l'applaudissement,
Leur dit sans déculer : Je foutrois tout un an.
Le saint homme, en effet, de toute la journée,
Ne cessa de tenir la mazette enculée.
Le président se lève et recueille les voix :
Tout est en sa faveur ; le chapitre en fait choix,
Quand un moine étourdi se saisit de la porte,
Et dit qu'il ne veut pas qu'aucun cordelier sorte,
Sans avoir déclaré qu'il faut, pour être élu,
Foutre quarante coups, soit en con, soit en cul,
Appelant de leur choix au plus prochain concile,

Prétendant

Prétendant d'y montrer qu'il n'est pas moins habile,
Qu'il offre de montrer sa proposition
Mise dans le moment en exécution.
Il sort, ferme après lui : le chapitre en murmure :
Je veux vous foutre tous, dit-il, par la serrure.
Pied ferme et vit en main, il les prend au guichet.
Les moines se voyant surpris au trébuchet,
Délibèrent enfin, et la sainte assemblée,
Qui se voit au passage à coup sûr enfilée,
Veut bien qu'à ce mutin on présente le cul.
Tout autant il en sort, tout autant de foutu :
Pas un n'en est exempt, pas même la vieillesse.
Le bougre encule tout d'une même vîtesse :
Chaque moine convient qu'il n'a rien vu d'égal,
Et qu'on ne peut choisir un plus grand général.

L'ORIGINE DES MÉTIERS.

QUAND Prométhée eut formé son image
D'un marbre blanc façonné par ses mains,
Il épousa, comme on sait, son ouvrage :
Pandore fut la mère des humains.

Dès qu'elle put se voir et se connoître,
Elle essaya son sourire enchanteur,
Son doux parler, son maintien séducteur,

H

Parut aimer, et captiva son maître;
Et Prométhée à lui plaire occupé,
Premier époux, fut le premier trompé.

Mars visita cette beauté nouvelle.
L'éclat du dieu, son air mâle et guerrier,
Son casque d'or, son large bouclier,
Tout le servit, et Mars triompha d'elle.

Le dieu des mers en son humide cour
Ayant appris cette bonne fortune,
Chercha la belle et lui parla d'amour :
Qui cède à Mars peut se rendre à Neptune.

Le blond Phébus de son brillant séjour
Vit leurs plaisirs, eut la même espérance;
Elle ne put faire de résistance
Au dieu des vers, des beaux arts et du jour.

Mercure étoit le dieu de l'éloquence,
Il sut parler, il eut aussi son tour.

Vulcain sortant de sa forge embrâsée,
Déplut d'abord, et fut très-maltraité,
Mais il obtint par importunité
Cette conquête aux autres Dieux aisée.

Ainsi Pandore occupa ses beaux ans,
Puis s'ennuya sans en savoir la cause.
Quand une femme aime dans son printems,
Elle ne peut jamais faire autre chose.

Mais pour les dieux, ils n'aimoient pas long-tems.
Elle avoit eu pour eux des complaisances,
Ils la quittoient. Elle vit dans les champs
Un gros satyre, et lui fit les avances.
    Nous sommes nés tous de ces passe-tems ;
C'est des humains l'origine première ;
Voilà pourquoi nos esprits, nos talens,
Nos passions, nos emplois, tout diffère.
L'un eut Vulcain, l'autre Mars pour son père,
L'autre un satyre, et bien peu d'entre nous
Sont descendus du Dieu de la lumière.
De nos parens nous tenons tous nos goûts ;
Mais le métier de la belle Pandore,
Quoique peu rare, est encor le plus doux,
Et c'est celui que tout Paris honore.

LE PARDON.

CONTE.

A son voisin, la gentille Isabelle
Fut se plaindre de son époux,
Qui toujours lui cherchoit querelle.
Croyez-moi, dit-il, vengez-vous.
Le conseil plut fort à la belle.
Le galant fut choisi pour servir son courroux.

A chaque heure du jour c'étoit nouvelle plainte.
Notre couple à l'envi signaloit son ardeur ;
          Mais la colère du vengeur
          En moins de huit jours fut éteinte :
          De tout on se lasse à la fin.
La belle que toujours la vengeance aiguillonne,
          Six fois fut se plaindre un matin.
          Oh ! pour le coup, dit le voisin,
          Je suis chétien, je lui pardonne.

ÉPITRE A UNE COQUETTE.

C'est assez me croire ta dupe :
En dépit de ta vanité
Et du manège qui t'occupe,
D'honneur, je ne l'ai pas été.
Sauve qui peut !... Jeune et charmante,
Tes traits sur moi n'ont point porté.
Sans doute l'insulte est criante ;
C'est manquer à la probité.
A tes ruses les plus secrettes,
Qui, moi, j'ai le front d'échapper !
Tout amant qu'on ne peut tromper,
Est un monstre aux yeux des coquettes.

Je l'avouerai ; quand je te vis
Fraîche comme on l'est au bel âge,

T'avancer au milieu de ris,
Et fixer la foule volage
De tous nos jeunes étourdis
T'offrant des cœurs à ton passage ;
Lorsque je vis tes beaux cheveux
Tomber, à boucles ondoyantes,
Sur tes épaules éclatantes,
Dont l'albâtre en ressortoit mieux ;
Lorsque je vis sur tes grands yeux
Tes longues paupières baissées,
Et ton regard ingénieux
Où l'on croit lire tes pensées,
Cette taille qui tour à tour
Est légère et voluptueuse,
Et sait être majestueuse,
Sans trop effaroucher l'amour :
Embrâsé d'une ardeur nouvelle,
Quand je vis tout cela, Zulmé,
Je m'écriai : Comme elle est belle !
Qu'il seroit doux d'en être aimé !
Mais après la première ivresse,
Quand, laissant tomber le bandeau,
Je vis tes projets, ton adresse,
Et tout le revers du tableau,
Ta beauté, toujours sous les armes,
Pour insulter à ses martyrs,
L'artifice de tes soupirs
Et le mensonge de tes larmes ;
Quand je te vis à tes amans

Jeter une amorce perfide,
Pour t'assurer de leurs tourmens ;
Quand je surpris une ame aride
Sous le masque des sentimens ;
Lorsque, pour suivre une conquête,
Je te vis avec tant de feu
Mettre cent passions en jeu,
Avec l'amour-propre à leur tête ;
Prompt alors à me dégager,
Et plein d'un sang-froid qui m'étonne,
Je m'écriois : Qu'elle est friponne !
Et quel plaisir de s'en venger !
Bref, la guerre entre nous commence :
J'abjurai vîte mon amour,
Et n'en gardai que l'apparence.
Tu m'enhardis le premier jour ;
Le second, je ris quand j'y pense,
Tu fis un effort de décence.
Les dédains même eurent leur tour :
Je me tins prêt à la défense.
A cet acte d'hostilité
J'oppose une batterie :
J'encourage ta perfidie
Par un désespoir imité.
Bientôt mon air d'indifférence
Arme l'orgueil de tes appas.
Nouvelle attaque, autres combats :
Nous déployons notre science ;
C'est à qui sera le plus faux.

De l'art épuisant les chef-d'œuvres,
Je déconcerte tes manœuvres
Et contre-mine tes travaux.
Ta prudence en vain se ménage
Des chemins couverts et mêlés ;
Dans tes plus sombres défilés
Je suis toujours sur ton passage.

Te souvient-il de ce moment
Où, balloté par ton caprice,
Je soupirois si tendrement
En accusant ton injustice ?
J'appuyois ces soupirs trop vains
Par un beau déluge de larmes.
Tes yeux alors sembloient sereins,
Tu jouissois de mes alarmes.
Eh bien ! ces pleurs, ils étoient feints ;
J'en suis désolé pour tes charmes.

Te souvient-il encor d'un soir
Où, sur un sopha renversée,
Et par cent zéphirs caressée
Dans le plus magnifique boudoir,
Trois fois tu m'étois retracée
Par le jeu d'un triple miroir !
Tes frais vêtemens faisoient voir
Une jambe au hasard jetée,
Attitude exprès méditée,
Pour me rembarquer dans l'espoir.
La lumière demi-voilée,

Coloroit ton sein presque nu,
Allant sans être contenu,
Comme une fleur toute effeuillée
Du calice qu'elle a rompu ;
J'ordonnai : mes yeux s'alumèrent ;
Doux avant-coureurs des plaisirs,
Les gestes, les regards parlèrent,
Et tu les pris pour des desirs.
Tu t'abusois. Ciel, quel outrage !
En vain expiroit ta fierté ;
En vain l'amour livroit passage
A l'heureuse témérité :
Tu sais trop combien je fus sage ;
Et cependant des feux de l'âge
J'ai toute la vivacité.
Je riois de ta dignité
Qui contrastoit avec l'injure
Du désordre de ta parure,
De ton maintien déconcerté :
Et tu vis dans cette aventure,
Que la jeunesse et la beauté
N'ont qu'un pouvoir bien limité,
Sans le charme de la nature.

Combien te surpasse à mes yeux
La bergère douce et sensible,
Qui, par un attrait invincible,
Naïvement fait un heureux !
Ses baisers peignent son ivresse,

Sans ôter rien à sa candeur :
Succombe -, t - elle ? sa foiblesse
La pare aux yeux de son vainqueur.
Sans la moindre supercherie
Elle s'embellit en aimant,
Et sa seule coquetterie
Est l'art de plaire à son amant.

Mais quels tableaux vais-je te faire !
Je choisis là de vieux crayons,
Et ressuscite la chimère
Des Hylas et des Corydons,
Mourant d'amour sur la fougère,
Et bien plus sots que les moutons.
Va, Zulmé, fournis ta carrière.
Il est tant de mortels blasés,
Tant de petits seigneurs usés,
Qui réclament ton savoir faire !
Exerce tes jolis talens
Sur quelques fous mélancoliques;
Attaque des tempéramens
Russes, anglais ou germaniques.
Voilà, crois-moi, voilà tes gens.
Pour moi, je hais trop l'artifice,
Et je tiens trop aux sentimens.
Sais-je évaluer un caprice?
Sais-je priser de faux sermens?
Trompe, désespère, tourmente
Les oisifs qui sont tes amans :

Poursuis. Coquette de vingt ans,
Ta couronne est encore brillante ;
Mais c'est à trente où je t'attends.

JUPITER ET JUNON.

Jupiter s'ennuyoit aux cieux ;
Il n'y voyoit que des déesses :
O princes ! qui n'aimez qu'en dieux,
Vous bâillez près de vos princesses.

En vain il passoit tous les ans
Des plus belles aux plus gentilles :
Malgré leurs charmes séduisans,
C'étoit pour lui pâtés d'anguilles.

Toujours la Reine du printems !
Toujours Vénus ! toujours l'Aurore !
Hébé, vous étiez jeune encore :
Mais c'étoit depuis si long-tems !

Ah ! dans la céleste demeure
Il faut jouer la dignité ;
Ce ton lasse au premier quart-d'heure ;
Jugez durant l'éternité !

Il quitta les sempiternelles,
Et j'en aurois bien fait autant ;

Il vint dans les bras de nos belles,
Et l'on n'est dieu qu'en l'imitant.

Junon, dans sa jalouse flamme,
Fit grand bruit de ses trahisons.
Elle avoit tort par cent raisons :
D'abord c'est qu'elle étoit sa femme.

Puis elle avoitde trop grands yeux ;
Je l'ai cent fois lu dans Homère.
Je crois, comme il étoit pieux,
Que du reste il s'est voulu taire.

D'ailleurs, pourquoi tant quereller,
Quand le remède est si facile ?
En hommes, pour la consoler,
La terre étoit assez fertile.

Par gloire ou curiosité,
Qui n'eût pris part à sa tristesse ?
Le cœur s'enfle de vanité
Entre les bras d'une déesse.

Ma foi, pour cet honneur divin,
J'aurois passé sur l'agréable :
Changer Jupiter en Vulcain
Est un exploit très-mémorable.

Je sais que cet époux coquet
N'étoit qu'un époux commode ;
Le ton de Paris lui manquoit,
Nous l'aurions mis à notre mode.

Contre Ixion son fier courroux
Dégrade sa gloire immortelle :
Ah ! le bonheur d'être infidelle
Ote le droit d'être jaloux.

LE LABYRINTHE DU COEUR.

Sous ton règne orageux, fugitive jeunesse,
    Tout m'étoit l'objet d'un desir :
Dans les excès du vin et de fausse tendresse,
    Je croyois goûter le plaisir ;
Je l'effleurois : enfant de la délicatesse,
    Il fuyoit, m'échappoit sans cesse,
    Quand j'étois prêt à le saisir.
Pouvois-je le fixer, sans l'art de le choisir ?
    Amusemens de toute espèce,
Arts, spectacles et jeux occupoient mon loisir.
Ce calme passager, que la passion laisse
Au milieu des accès de la fièvre traîtresse ;
Des faux brillans du goût j'aimois à m'éblouir.
Triste sort d'un mortel qui ne sait pas jouir !
Mais dans un des momens où l'illusion cesse,
Le jour de la raison éclaira ma foiblesse :
    J'apperçus toutes mes erreurs ;
Et tel qu'on se réveille, en sortant de l'ivresse,
    La tête pleine de vapeurs,

Et

Et le cœur en proie à la flamme,
J'essayai de porter le flambeau dans mon ame,
Et d'en sonder les profondeurs.
Quels obliques détours dans cet obscur dédale !
Que de monstres à surmonter !
Je vis l'Orgueil, HYDRE fatale
Qui renaît, plus à redouter
Après le coup mortel qu'on a cru lui porter ;
La Gloire de lauriers et d'encens affamée,
CHIMÈRE aux yeux étincelans,
Qui parmi des flots de fumée
Exhale quelques feux tremblans ;
La Vengeance, affreuse GORGONE,
Que la Haine soutient, que la Cruauté suit,
Qui, les serpens en tête, ainsi que Tysiphone,
D'un seul de ses regards pétrifie et détruit ;
Le Préjugé, nouveau PROTÉE,
Qui, souvent terrassé, se relève en vainqueur
Sous diverse forme empruntée,
Et courbe les humains sous le joug de l'Erreur :
Et toi, SYRÈNE enchanteresse,
Qui, par les doux accens de ta perfide voix,
Soumets à d'odieuses lois,
Et la jeunesse et la vieillesse,
Volupté ! quel mortel peut triompher de toi ?
Il faut, pour te combattre, être sourd, insensible,
Et détourner les yeux d'un attrait invincible,
Ou plutôt fuir avec effroi.
En vain, lorsque tu nous appelles,

I

Par les nœuds les plus forts nous sommes enchaînés;
Ils cèdent : nous volons dans tes bras infidèles ,
Où des liens honteux et d'entraves cruelles
          Nous nous trouvons environnés.
          Par les armes de la morale
J'espérois de mon sein chasser ces ennemis :
Les dogmes fastueux que le portique étale ,
          Dans mon esprit bien affermis ,
          Me donnèrent un nouvel être ;
          Mais qu'y gagnai-je ? de l'humeur :
Farouche, atrabilaire, et fier de le paroître ,
Affectant de braver le plaisir, la douleur,
Sophiste pointilleux , caustique , insociable ,
Je devins misanthrope, et me crus raisonnable.
L'imprudent satyrique, en prodiguant le sel,
          Ne sent pas le fiel qui s'y mêle ;
          Dans l'amertume de son zèle
Il veut être nommé censeur universel ;
Mais, tôt ou tard frappé des traits qu'il envenime,
S'il cesse de fronder et le siècle et les mœurs,
L'humanité reprend l'empire légitime
Dont le ciel a gravé la loi dans tous les cœurs.
          Elle seule de mes journées
          M'apprit le véritable emploi.
A la société je les ai destinées ,
Me dit-elle : aime, sers ta patrie et ton roi ;
Barbare et malheureux qui ne vit que pour soi !
Sur ses sages leçons réglant donc ma conduite ,
Je me rendis utile , et sortis de l'oubli.

Déjà, trop plein de mon mérite,
Imprudent, j'espérois voir mon nom établi
Dans le rang glorieux qui fait le nom d'élite.
    Vains projets ! mes soins assidus,
    Mes services furent perdus,
    Et je sortis de servitude,
    Et détestant l'ingratitude.
    Confus de tant d'égaremens,
Voyant de toutes parts des écueils sur ma route,
Je me précipitai dans l'abîme du doute,
Où je me vis en butte à de nouveaux tourmens.
Il faut savoir douter : la craintive prudence,
Pour arriver au vrai, suspend ses jugemens,
En laisse plus d'un jour vaciller la balance.
    Mais flotter dans l'obscurité,
Pour paroître affranchi de la crédulité,
N'oser se décider dans le cours de sa vie,
    C'est moins chercher la vérité
Que la tenir captive, après l'avoir servie.
On ouvre enfin les yeux : quels fruits de tant de soins,
Lorsqu'à se réformer on travaille soi-même ?
On compte pour vertus quelques vices de moins.
    En vain dans notre orgueil extrême
Nous nous applaudissons, après de grands efforts,
D'avoir su résister à de foibles amorces ;
C'est l'âge qui nous calme, et l'ame acquiert des forces
    Aux dépens de celles du corps.
    La raison, stérile apanage,
Souvent en mûrissant ne nous sert pas mieux,

La vertu n'est pas son ouvrage.
Des genoux chancelans et de trop foibles yeux
Font modérer le pas à la fin du voyage.
          Est-ce donc là devenir sage ?
          Par malheur, ce n'est qu'être vieux.
Dans l'été des ans même, où tout se pacifie,
Je sentois ranimer le feu des passions,
Dont les froids documens de la philosophie,
          La glace des réflexions,
Et tout l'ennui versé dans mon ame engourdie,
          Avoient mal éteint l'incendie.
O divine amitié ! tu vins à mon secours ;
Des bords du Phlégéton ta voix me fit renaître ;
Je sentis dans tes mœurs multiplier mon être,
Et la paisible aurore éclaira mes beaux jours.
          Mais mon cœur vaste et trop avide
          De mouvemens délicieux,
N'étoit pas tout rempli par un ami solide ;
Et dans ses entretiens tendres et gracieux,
          Se trouvoit à regret du vide.
Sans oser consentir à mes vœux les plus doux,
          Heureux, je soupirois encore ;
Mais je vous vis alors, vous qu'en secret j'adore,
Et je ne desirai, je ne vis plus que vous.
La beauté, les talens, l'esprit, le caractère,
          La bienfaisance, la candeur,
          La gaîté décente et légère,
          La simplicité, la pudeur,
          Et cette attrayante douceur,

Tempère à propos la rigueur
Qui, sans fard et loin du mystère,
D'une réserve trop austère.
Tels sont vos traits, tel est votre seul art de plaire.
Je ne pus éviter son ascendant vainqueur,
Et je lus au fond de mon cœur,
Que l'amitié la plus sincère,
Sans vous, ne pouvoit satisfaire
Le desir inquiet que j'avois du bonheur.
Une constante épreuve épura ma tendresse;
Soumis, respectueux, j'espérai du retour :
Phénomène étonnant ! les soupirs de l'amour
Furent conduits par la sagesse.
Des folles passions les autels abattus,
Laissèrent à votre place élever votre image,
Et le sentiment seul décida mon hommage.
Le tribut n'en est dû qu'aux grâces, aux vertus.
Daignez le recevoir au gré de mon envie,
Et je vais commencer à jouir de la vie.

CHLOÉ ET LE PAPILLON.

Sous un ciel serein et tranquille,
Au sein d'un champêtre séjour,
Loin des vains plaisirs de la ville,
Et loin des piéges de l'amour,

Chloé naïve, jeune et belle,
Voyoit couler ses jours heureux,
Aussi beaux, aussi simples qu'elle.
Là, dérobée à tous les yeux,
Par les soins d'une tendre mère,
Chloé, sans desirs, sans regrets,
Respiroit un air salutaire
A ses mœurs comme à ses attraits.
Le vif éclat qui la colore
N'est que le teint de la pudeur;
Son oreille n'a point encore
Goûté le poison enchanteur
Des soupirs, des tendres alarmes;
Elle ignore qu'elle ait un cœur;
Elle soupçonne à peine ses charmes.

Seule dans le fond d'un bosquet,
Près du crystal d'une onde pure,
Elle assortissoit un bouquet
Pour en composer sa parure;
La belle, d'un air enfantin,
Comparoît avec avantage
Le lys et la rose à son teint,
Et sourioit à son image.

Un papillon, au même instant,
Déployoit ses aîles légères,
Et de ses ardeurs passagères
Promenoit l'hommage inconstant;

Tout l'attire, et rien ne l'arrête ;
Il parcourt d'un air de conquête
Tous les appas de chaque fleur.
Ici, son audace indiscrète
De la timide violette
Caresse la vive fraîcheur ;
Là, du sein de tubéreuse
Sa témérité plus heureuse
Presse l'orgueilleuse blancheur.
Aussi-tôt d'une aile infidèlle
Il court à la rose nouvelle ;
Il baise son bouton naissant,
Et toujours brillant et frivole,
Il paroît, jouit et s'envole.

Chloé voit l'insecte éclatant ;
Et sa parure étincelante
D'azur, de pourpre et de rubis
Enchante ses yeux éblouis.
Sa petite ame impatiente
Brûle aussi-tôt de s'en saisir.
Dans le vif transport qui l'agite,
De son jeune sein qui palpite
S'échappe son premier soupir.

Aussi légères que les Grâces,
Du rival errant du zéphyr
Elle poursuit long-tems les traces,
Souvent dans son vol incertain
Il s'arrête : la nymphe agile

Accourt, la guette, étend la main;
Mais la suberbe volatile
Dans les airs s'élance soudain.
Tour à tour flattée et trompée,
Elle suit sa proie échappée;
L'infidèle se fixe enfin
Sur la belle et pâle jonquille.
On diroit que la tendre fleur
Ranime, au gré de son vainqueur,
Le foible éclat dont elle brille.
Du triomphe elle goûte le prix;
Chloé vole, approche, il est pris.

S'agitant, débattant de l'aile
Pour briser sa captivité :
Rendez-moi, dit-il à la belle,
Ah! rendez-moi ma liberté.
Rougissez de votre victoire :
Qu'attendez-vous de mes liens?
Mes ailes font toute ma gloire;
Quelqu'éclat, voilà tous mes biens.
Eblouir est ma destinée.
Je vis sans projet, sans amour,
Et mon existence bornée
N'est que l'amusement d'un jour.

A ces mots, la nymphe ingénue
S'attendrit pour son beau captif.
Le trouble de son ame émue

Favorise le fugitif.
Il s'échappe : Chloé soupire.
Sur les boucles de ses cheveux
Balançant son vol amoureux,
Voici ce qu'il ose lui dire :

« Seule en ces lieux vous respirez,
Chloé, la paix et l'innocence :
Bientôt, loin des jeux de l'enfance,
Dans le monde vous brillerez ;
C'est là que vous rencontrerez
Un être frivole, infidèle,
Et paré de mille couleurs.
Il voltige de belle en belle,
Ainsi que moi de fleur en fleur ;
Et je suis en tout son modèle.
Ah ! si, vous laissant éblouir,
Vous brûlez un jour de jouir
De cette nouvelle victoire,
D'une si folle ambition,
Chloé, quelle sera la gloire ?
Vous aurez pris un papillon. »

L'ENFANT ET LA POUPÉE.

Dans une foire un jeune enfant,
Promené par sa gouvernante,
Contemploit d'un œil dévorant

Maints beaux colifichets; tout lui plaît, tout le tente :
Il veut polichinelle, ensuite un porteur d'eau,
Et puis il n'en veut plus : voulez-vous une épée ?
Ah ouï; mais non, j'aime mieux ce berceau.
Il l'eût pris sans une poupée
Qui le séduisit de nouveau.
On la lui donne; en sautant il l'emporte;
Chez sa maman le voilà de retour.
Aux gens du logis tour à tour
Il fait baiser l'objet qui d'aise le transporte;
Depuis le matin jusqu'au soir,
De chambre en chambre il la promène.
Il faut aller coucher; il la quitte avec peine;
Il s'endort en pleurant dans les bras de l'espoir :
En dormant il en rêve, et le jour lui ramène
Sa mimi : qu'on l'apporte; et vîte il veut la voir.
Pendant près de huit jours, avec exactitude,
L'enfant joue avec sa catin.
Il paroissoit content; mais le petit coquin
De la possession se fit une habitude.
L'habitude et le froid se tiennent par la main :
Ce froid donc s'ensuivit, et le dégoût enfin.
Combien de belles sont trompées !
Combien de volages amans !
Hommes, vous êtes des enfans;
Femmes, vous êtes des poupées.

L'ANESSE ET LA CAVALE.

L A mère d'un ânon jadis
A celle d'un poulin adressa ce langage :

« Ma voisine, plus j'envisage
La ressemblance de mon fils,
Plus je trouve qu'il m'est permis
D'en attendre à coup sûr leur commun avantage.
Nés et nourris tous deux dans le même bocage ,
Tous deux mignons, tous deux jolis,
En un mot, tous deux du même âge ,
Il ne leur reste plus qu'à devenir amis.
Mon poupon que voilà peut être utile au vôtre ,
Comme le vôtre au mien ; je brûle de les voir
Partager leur plaisir du matin jusqu'au soir,
S'instruire tour à tour, se corriger l'un l'autre :
Bref, il ne tiendra pas à mon consentement,
Qu'au plutôt, en faveur de leur avancement,
Ils ne vivent, si bon vous semble ,
Ainsi que vrais jumeaux ensemble. »
« Ma voisine, cela ne presse nullement,
Répond la Cavale sincère :
Quoi que vous m'en disiez, j'ai peine à convenir
Que, pour leur bien commun, il faille les unir ;
Car tenez, quand je considère

Combien les jeunes gens savent mieux retenir
    Le mal, que s'instruire à bien faire,
J'ai tout lieu de douter, soit dit sans vous déplaire,
Que jamais votre fils puisse apprendre à hennir,
Et j'ai peur que le mien ne s'accoutume à braire.

LE JUBILÉ.

Au jubilé, comme sage,
Je voulois, selon l'usage,
Faire mes dévotions.
Suivant l'ordre du saint père,
Je dépêchois de faire
Trois ou quatre stations;
J'allois d'église en église,
Quand d'un air tout de franchise
Une gueuse m'aborda.
A cette attaque imprévue,
D'abord je baissai la vue;
Mais le diable me tenta.
Elle me conduit chez elle,
Et je fus de la donzelle
Passablement régalé;
Si bien qu'en cet exercice
Je perdis le jubilé,
Et gagnai la chaudepisse.

LE FLORENTIN.

LE FLORENTIN.

Avec sa chèvre un Florentin
Fut surpris dans un cas vilain.
D'abord on saisit le coupable
Avec sa chèvre misérable.
Brûlé sur l'heure. Ah, monseigneur !
Crioit notre homme tout en pleurs,
Daignez m'écouter, je vous prie :
Je ne l'ai pas fait méchamment ;
Je voulois faire seulement
Un monstre pour gagner ma vie.

LE CONFESSEUR JUDICIEUX.

CONTE.

Certain Français, habitant de Florence,
Se confessoit du péché de la chair
A père Isaac, qui lui dit : Parlez clair :
Le cas est-il de Toscane ou de France ?
Expliquez-vous ; ce point est important.
Peu m'en souvient, dit l'autre en hésitant.

K

Le tout se fit à l'aventure.
Le confesseur trouvant la chose obscure :
Cela, dit-il, faisoit-il RIC OU RAC ?
RIC, répond le pénitent sincère.
Parbleu, le cas, reprit père Isaac,
Est du toscan, n'en doutez pas, compère.

LES CANTHARIDES.

COMME souvent tout s'enfile ici bas !
Des Bernardins pâturoient en lieu gras ;
Près de leur clos vivoient des Bernardines.
Peignez-vous bien chaque chose de son rang.
Un bel étang nourrissoit les béguines,
Certaine haie entouroit cet étang.
Sur cette haie étoient des Cantharides ;
Un vent survint qui les jeta dans l'eau.
Dans l'eau nageoient des grenouilles avides,
Par qui l'essaim fut croqué bien et beau ;
Grenouille après servie au réfectoire,
De sa substance enflamma la nonain :
D'où s'ensuivit l'esclandre qu'on peut croire,
Un feu subtil et rien moins que divin.
Grand carillon, si qu'au bruit du tocsin
Vinrent, non pas les pompes de la ville,
Mais celles-là du benoît Bernardin.
Comme souvent ici bas tout s'enfile !

LA VEUVE INCONSOLABLE.

Un carme ~~···~~ étoit chez une veuve en pleurs,
Et de son mieux sermonoit la matrône.
La rhétorique ayant semé ses fleurs,
Le tout sans fruit, mon ribaud vous la prône
A la façon du soldat de Pétrone,
Une, deux, trois, quatre, cinq et six fois;
Rien n'opéra : donc le moine aux abois
Sort en donnant cette pleureuse au diable;
Chacun s'enquiert. Eh bien ! père Courtois,
Cette femme est, dit il, inconsolable.

LA MAITRESSE DE PLAIN-CHANT.

Une abbesse instruisoit une jeune novice
Dans le chant propre à la communauté,
Sur certain mot latin dans un pseaume usité,
    Qu'elle chantoit mal par malice.
    Ce mot, à ce qu'un auteur dit,
    Est celui-ci : CONCULCAVIT.
    Entonnez bien, lui disoit-elle :
    Tenez-moi bien ferme ce CON :

                            K 2

Haussez le CUL : fort bien, la belle ;
Un peu plus haut encore : là, c'est bon.
Pour le VIT, faites-le bien long.
De cette syllabe alongée
Je connois la mesure à fond :
Père Blaise, après le sermon,
Me l'a plus d'une fois montrée.

LE JÉSUITE ET LE TABLEAU.

Un Jésuite attentivement,
Considéroit une femme en peinture ;
Peinte elle étoit divinement,
Mais immodeste en étoit la posture.
Elle étoit nue, et du bout de son doigt
Grattoit ce que tout bon Jésuite
Ne peut voir sans horreur quand il a le cœur droit.
A cet aspect le bon père s'irrite,
auditle peintre et le pinceau
Qui fit un si vilain Tableau !
Il est vrai, dit un janséniste,
Qui se trouva là par hasard,
Ce tableau, pieux moliniste,
Mérite pour le moins la hart.
Mais si cette Vénus, mon très-révérend père,
Tournoit un peu plus le derrière,

Et cachoit son jansénius,
Blâmeriez-vous alors le peintre et la Vénus ?

L'AVE MARIA.

CONTE.

Dans un couvent deux nonnettes gentilles,
Mais dont l'esprit simple, doux, innocent,
Ne connoissoit que le tour et les grilles,
Tenoient un jour propos intéressant
De confidence et d'amitié fort tendre.
Notez qu'aucun ne pouvoit les entendre ;
L'huis étoit clos. Fillettes de jaser,
De s'appeler et ma chère et ma bonne,
De se donner saintement un baiser,
D'y revenir, sans qu'aucune soupçonne
Que le malin les induit à ce jeu.
Jésus, ma sœur, de la jeune Sophie,
Qu'on voit en vous les merveilles de Dieu !
Quelle beauté ! vous êtes accomplie :
Que ce bouton de rose-là me plaît !
J'y vois la main de la Toute-Puissance.
Et vous, mon cœur, reprit la sœur Constance,
Peut-on vous voir et ne pas l'adorer ?
Tout est parfait, tout en vous m'édifie.

K 3

Lors le pieux examen sur Sophie
Va son chemin. On admire ceci,
Et puis cela, tant que par aventure
En certain lieu que la folle nature
Fit à plaisir, l'examen vint aussi.
Pieux élans, obligeamment mystiques,
Naissent alors à cet objet frappant.
Ma chère sœur, l'agréable portique !
Le beau dessin ! qu'il est simple et piquant !
Chez vous, ma sœur, lui répliqua Sophie,
Mêmes appas ; mon ame en est ravie ;
Rien de si beau ne s'offrit à mes yeux.
Vous allez rire ; il me prend une envie,
C'est de savoir un peu qui de nous deux
A plus petit ce chef-d'œuvre des cieux.
C'est vous, ma sœur.—Non, ma sœur, je vous jure.
C'est vous. — Eh bien ! prenons-en la mesure ;
Notre rosaire est tout propre à cela.
On y procède. Eh ! bon Dieu, dit Sophie,
Qui l'auroit cru ? vous l'avez, chère amie,
Plus grand que moi d'un Ave Maria.

A QUELQUE CHOSE MALHEUR EST BON.

CONTE.

Dans un hameau de D...... très-voisin,
Passoit gaillardement ses jours maître Jérôme,
  Un peu paillard; à cela près, bon homme.
  Une chaumière, une vigne, un jardin,
Voilà son héritage, et de chaque semaine,
  Sans se donner beaucoup de peine,
   Il attrapoit gaîment la fin.
Il suivoit son penchant sans nulle défiance;
Des enfans d'Esculape il prisoit peu l'engeance,
Et très-bien s'en trouvoit: casse, manne ou séné
Ne troubloient point chez lui l'ordre du déjeûné;
   Avec ce régime, mon rustre
   Entretenoit de belles dents,
  Qui paroissoient, quoiqu'au vingtième lustre,
   Avoir bravé les injures du tems.
   Par une longue expérience
   Il s'étoit fait très-grand renom
   D'esprit, de savoir, de prudence:
   Tous les villages du canton

K 4

Mettoient en lui sa confiance ;
Et préjugé passe science.
Sur un cas épineux, sur ceci, sur cela,
On alloit consulter notre homme.
Le saint père n'est pas plus écouté dans Rome,
Que mons Jérôme l'étoit là.
Il avoit su de sa rubrique
Si bien entêter ses voisins ,
Que fillettes en sa boutique ,
Sans le moindre scrupule , alloient tous les matins
Prendre avis du barbon pour entrer en ménage :
Enfin , de tout ce tripotage
Le diable sut tirer profit ;
Car aux pauvres humains pour faire du dommage ,
Le malin veille jour et nuit.

A son exemple aussi notre vieux drille
Guettoit toujours, et sous sa souguenille ,
Ses cheveux gris cachoient un vert galand ,
De pucelages fort friand.
Entre quatorze ou quinze il vous prenoit une fille ,
Vous la troussoit, et , de fil en aiguille ,
La violoit sans dire quoi ;
Fût-elle ou non laide ou gentille :
Pucelles lui falloit, de ces morceaux de roi ,
Si fille neuve l'est , et ne vojs point pourquoi.
Je croirois au rebours , que femme stylée
Plaît cent fois mieux en l'amoureux ébat ,
Qu'une pauvre innocente assez mal enfilée

Pour la première fois : car enfin on combat ;
   On en fait du moins la grimace.
Qui diroit le contraire auroit mauvaise grace,
    Ne seroit à mes yeux qu'un fat
   Qui n'eût jamais tâté de cette chasse.
   Pour moi, qui suis amoureux comme un chat,
J'aime mieux cul gentil, qui, battant la mesure,
    Tantôt lève, tantôt abat
    Le vase de dame nature,
Et de flots de plaisir inonde le grabat,
Que pucelle qui pleure, ou gémit ou murmure,
Qui d'amour ne sachant ni le ton ni l'allure,
   Au milieu du coït garde le célibat :
   C'est-là mon goût, s'il faut que je le dise.
   Mais revenons à notre barbe grise,
Des amans surannés le plus digne héros,
    Pour qui la Fillon à Paphos
Eût jadis fait consacrer une église,
    Si de son tems il eût vécu,
    Et se fût fait une chemise
Des poils que mons Jérôme eût cédés de son cu.
   On ne doit point dédaigner ce qui frise :
   Lisez la fable, et verrez que jadis
    Les araignées en travaillèrent.
    Je suis vrai dans ce que je dis.
   Enfin, enfin, des chercheuses d'avis
    Chez Jérôme se présentèrent ;
    Tant et tant par ses mains passèrent,
Qu'à la fin les voisins en furent avertis ;

K 5

Dieu sait comment voisines en jasèrent !
Telle à sa mère en pleurs contoit l'événement,
Telle a son confesseur, telle autre à son amant.
Si bien qu'après avoir recueilli toutes choses,
Rassemblé tous les SI, les POURQUOI, les COMMENT,
  On découvrit le pot aux roses.
Je vous laisse à penser quelle fut la rumeur
  D'un bout de ce village à l'autre !
Chacun jetoit la pierre au bon dévirgineur.
Votre fille l'est-elle ? Oui, commère : et la vôtre ?
  La mienne aussi : Vraiment voilà le mal.
  MOTUS, point tant de bacchanal,
 Dit aussi-tôt le greffier du village ;
La hart lui dit, dressons un bon procès-verbal ;
 Dès demain notre homme est en cage.
 Mais comme il faut, en cette occasion,
  Des pièces de conviction,
  Au greffe envoyez-moi vos filles ;
 Foi de greffier, j'en aurai très-grand soin :
Il nous faut sous la main les pièces au besoin.
L'endroit est bien armé de verroux et de grilles,
  Ne craignez rien. Ah, mes amis !
 Si l'on mettoit pareil dépôt au greffe,
Je voudrois dès demain en être le commis.
Mais voilà bien du bruit ! quel crime a-t-on commis ?
Pucelages croqués : on les ente, on les greffe,
 Car ils sont fruits, de plus, fruits de l'amour,
  Puisque c'est l'amour qui les croque.
Si sur la qualité par hasard j'équivoque,
  Que l'on me redresse à mon tour.

O Vénus ! c'est toi que j'invoque ;
Toi qui pour nos plaisirs les fis,
Jusqu'à celui de Marie à la Coque,
Qu'on a classé parmi les rabougris :
Sont-ils fleurs, sont-ils fruits ? explique-moi la chose.
L'un le dit artichaut, l'autre le nomme rose ;
Ah ! je l'appellerois un dieu lorsque j'y suis.
Mais je m'écarte : en vers ainsi qu'en prose,
De ces riens au lecteur évitons les ennuis.
Bref, que devint Jérôme ? Hélas ! on le décrète,
Et d'abord, sans perdre un moment,
Archers en campagne : on l'arrête ;
On le juge, dieu sait comment.
Il en appelle au parlement ;
Et le voilà déjà sur la sellette,
Fier comme un coq qui vient d'appaiser son tourment.
On l'interroge, on le confronte ;
Devant le sanhédrin du tout il fait l'aveu,
Et sur son front aucun signe de honte,
Ains au contraire ; et le regard en feu :
Au fond, dit-il, messieurs, ceci doit être un jeu ;
Grace pour moi nature vous demande ;
Elle n'a point encore retiré son eujeu.
Chaque jour à Vénus je porte mon offrande,
Ou tout le jour je suis en désarroi.
Nécessité n'a point de loi,
Sur-tout quand la nature commande.
Malgré le poids des ans, elle est forte chez moi :
Vous m'en parlez, et voilà que je bande :

Vous mêmes, dites-moi pourquoi ;
Car nul objet ici ne l'affriande.
  Que la providence est grande !
  Ah ! s'il m'en arrivoit autant,
  Dit un vieux juge en marmottant !
Pour pareil fait, faut-il qu'on le pende ?
La loi le veut, nature ne veut pas ;
Depuis trente ans, onc ne fut en ce cas.
Je n'aime pas, dit-il tout haut, que l'on répande
Le sang humain, à moins que ce ne soit en blanc.
Hors de cour, cria-t-il, troussant sa houpelande.
Un jeune magistrat se lève de son banc,
Et dit : Y pensez-vous, mes très-dignes confrères ?
Peut-on traiter ainsi de pareilles affaires ?
    Vous êtes par trop indulgens
    Pour les vieillards qui dépucèlent :
  Que ferons-nous, nous autres jeunes gens,
  Si les barbons, à notre dam, s'en mêlent ?
  Il est coupable, on l'a bien entendu ;
  Pour crime tel, point de miséricorde.
    Ipso facto, qu'il soit pendu....
Sauf ensuite à revoir son procès. A la corde,
Dit Jérôme ; de moi s'il avoit dépendu....
Mais de grace, voyez comment il est tendu.
    Ah ! que plutôt on me le torde :
    Le jour que le ciel nous accorde,
Par où je l'ai reçu, par-là l'aurai rendu.
Ah, messeigneurs ! voyez s'il mérite indulgence.
    Il retournoit si bien sa chance,

Qu'hors de procès on l'auroit mis
Sans les jeunes suppôts de la pauvre Thémis,
Qui pour la mort fit pencher la balance.
Aux arrêts du destin Jérôme enfin soumis,
Entre les mains des archers est remis,
Et vers le gibet s'achemine
Toujours en l'air. Parens, amis,
Fille, femme, voisin, voisine,
Tous, pour le voir, accourent au galop;
Chacun disoit : Bonté divine !
Que n'avons-nous chez nous ce qu'il avoit de trop !
Pour avoir mis son bondon dans la bonde,
Chose bien naturelle, on alloit à la fin
L'expédier pour l'autre monde !
Dans cette nef si vagabonde,
Sais-tu, foible mortel, quel sera ton destin ?
Pendu : tout le monde peut l'être,
Et l'honnête homme et le coquin ;
Cela dépend d'un faux témoin, d'un traître.
Jérôme est sur l'échelle ; il s'élève soudain,
Parmi les assistans, une rumeur si grande,
Que l'on touche au moment d'une sédition.
A haute voix, tout le peuple demande
Que l'on fasse surseoir à l'exécution ;
Et dans cette agitation,
Voilà mon bougre encore qui bande.
Femmes de conseillers, femmes de présidens,
En enrageant entre les dents,
De n'avoir jamais vu chez elles tel prodige,

Et lui rendant hommage lige ,
Voulurent qu'à l'instant on écrivìt en cour ;
Ce qui fut fait. L'affaire mise au jour
Y fit encore plus de bruit qu'au village ,
Et femmes du plus haut parage
S'intéressèrent tant pour ce dévirgineur ,
Qu'il eut sa grace et son nom en honneur
Parmi toutes ces connoisseuses.
Filles des champs , en vérité ,
Disoit l'une, sont trop heureuses.
Je jurerois qu'il n'a jamais raté ,
Disoit l'autre. Il tiendroit de la Divinité
De ne jamais rater : c'est , dit-on , impossible.
Quoi qu'il en soit , Jéròme èst un homme terrible.
David , Samson , tous ces gens-là ,
Dont fastueusement les noms ornent la bible ,
Certainement ne valoient pas cela.
Oui , disoit la duchesse ; oui , si la providence
Les eût conduits pour un instant ,
Comme Jéròme , aux pieds de la potence,
Ils seroient tous rentrés dans le néant :
Et tout ce qui s'ensuit , reprit avec décence
Une vieille marquise. On en dit tant et tant ,
Que de le voir chacune eut grande envie.
On sollicite , on se cotise enfin ;
Sa grace part , notre homme est en chemin ,
Arrive , ayant en l'air cet instrument de vie.
Dieu sait comme on reçut un pareil troubadour ,
Et de son flageolet quelle fut l'harmonie !

Jeune ou vieille, fraîche ou momie,
La femme du commis, la soubrette de cour,
Tout voulut l'avoir à son tour,
Et cela sans cérémonie,
Comme on le voit à présent chaque jour.
Mais ce n'étoit pas ce pucelage;
Ainsi au contraire, direz-vous,
Il devoit s'y perdre. Entre nous,
La crainte du gibet l'avoit rendu plus sage,
Et je vous dirai à mon tour,
Au village comme au village,
A la cour comme à la cour.
On ne parloit que de Jérôme;
D'un digne maréchal c'étoit le second tome.
Pareilles gens sont rares aujourd'hui.
Chez lui tout plut en abondance;
Présens, bon vin, grande bombance;
Toujours en l'air, ou toujours dans l'étui!
Que de plaisirs! ah, que n'étois-je lui!
J'en aurois pris très-bonne dose.
A ces muguets couleur de rose
On préféra notre barbon.
Convenez donc qu'à quelque chose,
Ami lecteur, malheur est bon.

ÉTYMOLOGIE

DE L'AZE-TE-FOUTE.

Un jour de foire de *Châlons*,
Colas s'en alloit à la ville,
Monté sur le roi des ânons,
Animal soumis et docile,
Contre l'usage des grisons.

N'étant qu'au milieu de sa route,
Il fit rencontre de Catin
Lasse, suant à grosse goutte,
Et faisant à pied le chemin.

La belle voyant son voisin,
Qui s'en alloit le vent en poupe,
Le conjura par saint Martin,
De la laisser monter en croupe.

Un cœur aussi dur qu'un rocher
Se fût attendri pour la belle :
Elle étoit fraîche, encore pucelle,
Et sa main pouvoit s'accrocher,
Par fois, au pommeau de la selle.

Mais ces menus droits des amans,
Que nous autres honnêtes gens
Avons baptisés petite oie,
Sont nommés par certains manans
Viande creuse et fausse monnoie.

De ces manans étoit Colas ;
Aussi n'en faisoit-il grand cas.

Depuis long-tems de la donzelle
Il avoit pris ville et faubourgs ;
Mais elle défendoit toujours
Avec vigueur la citadelle.
Le gars, en plus de vingt assauts,
Fut repoussé sur la verdure,
Non sans force coups de fuseaux,
Sans mainte et mainte égratignure :
Colas en avoit le cœur gros.
Aussi tout sec, piquant sa bête :
Néant, dit-il, à la requête.
Catin le flatte tendrement ;
Le manant pousse fièrement :
Si l'une presse, l'autre chante.
Que faire en telle extrémité ?
Catin n'avoit point d'Atalante
Les pieds ni la légèreté ;
Puis c'étoit au cœur de l'été,
Peut-être dans la canicule :
Colas gardoit son quant à soi ;

Nécessité n'a point de loi ;
Enfin la belle capitule.

Arrêté fut qu'à chaque pet
Que feroit messire baudet,
Maître Colas et la bergère
Feroient un tour sur la fougère ;
Le tout pour le soulagement
De l'arcadienne monture.

Le traité fait, la belle monte ;
Le drôle aussi-tôt du talon
Frappe le flanc de son grison :
Maître baudet pète sans honte ;
Il savoit par cœur sa leçon.
A cette espèce d'exercice
Jadis l'avoit dressé Colas
Pour certaine dame Thomas.

Martin ayant fait son office,
Colin descend.... point de quartier ;
Elle eut beau cent fois le prier ;
Il l'emporte, il sue, il travaille ;
Et d'une sanglante bataille
Il revient couvert de laurier.

Tous deux remontent .... la fillette
Rajuste mouchoir et cornette.

Bientôt après, le villageois
Tournant vers elle le minois,

Fut surpris de la voir plus belle ;
Tout aussi-tôt ardeur nouvelle,
Coups dans les flancs, et nouveau son
De la part du seigneur grison.

A la troisième pétarade,
Catin vous fait une gambade,
Tire Colas par ses habits,
Et lui montre un prochain taillis.

Ce bois lui donna l'estrapade ;
Il en revint pâle, défait,
Et jurant contre le baudet.

Il n'étoit au bout.... la fillette
Talonne Martin ; Martin pète.

Lors, dit Catin : N'entends-tu pas ?
Quoi ? répond l'autre.... L'aze... écoute...

Si l'aze pète, dit Colas,
Palsangué ! que l'aze-te-f.....

LE MIRLITON.

Un capucin rêvoit dans sa cellule
Comme il pourroit fronder, dans ses sermons,
De ces cerceaux la mode ridicule

Dont on se sert pour enfler les jupons ;
Mais ce n'étoit pour lui chose facile ,
Car des paniers il ignoroit le nom ;
Quand par hasard , en passant par la ville ,
Il entendit chanter le *Mirliton.*
Ho ho ! Frère , dit-il à son compagnon ,
Ceci pourroit bien être notre affaire.
Je gagerois que ce terme nouveau
De ces jupons nous cache le mystère
Qui m'a si fort travaillé le cerveau.
Qu'en pensez-vous ? Me trompé-je , mon Frère ?
Par saint François , dit le Capucinot ,
On ne sauroit mieux rencontrer , mon Père ;
Car que pourroit signifier ce mot ,
S'il ne marquoit cette mode nouvelle ?
Voilà, je crois, son véritable lot :
Le hasarder , c'est pure bagatelle.
C'est bien penser , dit le Père au Frérot ;
Et pour le sûr, il ne sauroit déplaire ;
Onc il ne fut du langage vulgaire ;
De l'oublier je ne serai si sot ,
Et dès ce soir je le veux dire en chaire.
Il n'y faillit. On vint le convier
Chez des Nonnains , théâtre de sa gloire ,
A leur donner un plat de son métier ;
Et ce jour là (ce qu'on a peine à croire)
S'étoit formé très-nombreux auditoire.
Pompeusement du beau sexe assemblé ,
Par les paniers , le brocard étalé ,

Fournit à point matière à l'éloquence
De l'orateur, pour tomber à souhait
Sur son vain luxe et son extravagance.
Il n'est besoin de citer trait pour trait
Tout ce qu'il dit : mais le récit fidèle
De celui-ci, je crois, vous suffira ;
Par quoi chacun du reste jugera.

« Oui, s'écria, transporté d'un saint zèle,
» Et sous son froc le Moine s'échauffant,
» En ce tems-ci le désordre est si grand,
» Et tant on voit votre luxe s'accroître ;
» Vos *Mirlitons*, Mesdames, à présent,
» Sont grands trois fois plus qu'ils ne devroient l'être.»

MON TESTAMENT.

Je veux qu'après ma mort, cent putains toutes nues
Soient, dessus mon tombeau, cent fois par jour foutues,
Et que les cordeliers, en chantant leurs offices,
Aient tous les v... bandans dans le c.. des novices,
Et que les jacobins, en prêchant leurs sermons,
En exhortant les v..., prêchent contre les cons ;
Et que, sans consulter tant de législateurs,
On partage mon bien aux plus fameux fouteurs,
Et qu'on donne mes os à des apothicaires
Pour servir de canule à donner des clistères ;

Afin qu'après ma mort, ainsi que j'ai vécu,
Je sois encore utile au service des culs.

ÉPIGRAMME.

Aux pieds d'un vieil hermite, un jeune adolescent,
Le carême dernier, dit en se confessant,
    Que par un accident sinistre,
    Dont il avoit bien du regret,
    Il avoit trois fois en secret
    Foutu la femme d'un ministre.
Alors le bon hermite, homme plein de savoir,
Lui dit : Foutre une femme est un crime bien noir,
    Quand c'est celle d'un catholique ;
Lorsqu'on s'en dit coupable, à l'instant je frémis ;
    Mais pour celle d'un hérétique,
    Bougre, c'est autant de pris sur l'ennemi.

LE PIEUX SOUHAIT.

Lamartiniere, aux pieds d'un capucin,
Se confessoit qu'une jeune nonnain
L'avoit prié de l'amoureuse affaire.
Le fîtes-vous ? —Nenni, de par saint Pierre ;

Onc ne me suis souillé de tels forfaits.—
Dieu d'Israël ! dit le révérend père ,
Conduis ce gibier dans mes rets ,
Puis tu verras si je n'ose le faire.

COMPLIES.

Un cordelier faisoit l'œuvre de chair ,
Et s'ébattoit en fêtoyant sa mie ;
Son compagnon lui dit : Frère très-cher ,
Il faut pourtant aller chanter complie.
Lors le frater dit : Parbleu, je m'oublie.
Sus , haut le cul, dépêchons-nous , Gogo ;
Je reviendrai , si Dieu me prête vie ,
Dès que j'aurai chanté TANTUM ERGO.

ÉPIGRAMME.

Certain abbé se manuélisoit
Tous les matins , pensant à sa voisine.
Son confesseur l'interrogeant , disoit :
Vertu du froc ! c'est donc beauté divine ?—
Ah ! dit l'abbé , plus gente chérubine
Ne se vit onc ; c'est miracle d'amour :

Tetons, Dieu sait ! et croupe de chanoine ;
Toujours j'y pense, et même encore ici
Je fais le cas. —Pardieu, lui dit le moine,
Je le crois bien, car je le fais aussi.

L'EXPÉRIENCE FAIT LA SCIENCE.

Le jour que Jean se maria,
Et qu'il eut dans la nuit fait rage,
Sa femme le matin me pria
Du reste de son pucelage.
Je la foutis de grand courage,
Trois fois savourant ses beaux yeux,
Puis me dit d'un air gracieux :
Ami, ce que je viens de faire
N'est que pour savoir quel vaut mieux,
Le mariage ou l'adultère.

IMPROMTU

IMPROMPTU.

Piron passoit dans la rue pendant un gros orage, et étoit très-mal équipé ; deux Dames le voyant dessous un balcon, lui demandèrent des vers sur le tems : il leur adressa cet impromptu.

Vous du haut du balcon,
  Qui riez de ma misère,
S'il pleuvoit du jus de couillon,
On vous verroit sous la gouttière.

AUTRE.

Deux Dames se parloient ; l'une d'elles prononça avec assez de gravité le mot peut-être, sur quoi Piron interrompit leurs discours par ces deux vers, sans s'arrêter dans sa route.

Mesdames, il n'y a point de peut-être ;
  Toute femme qui a foutu aime à l'être.

L

LA POULE

AUX QUARANTE COQS.

Par fois plusieurs valent moins qu'un.
Dans un poulailler peu commun,
Sont neuf poules belles à peindre,
N'ayant qu'un coq pour elles neuf,
Et sans en être plus à plaindre !
Le coq étant toujours tout neuf,
Tous les jours nouvelles couvées :
Eternel caquet d'accouchées :
On n'entend que poulets chanter ;
On ne voit par-tout que nichées
De poussins prêts à voleter.
Une poule de par le monde
Crut, prenant maints coqs à son choix,
Devenir seule aussi féconde
Que toutes ces neuf à-la-fois.
La sotte, bien que mal en plumes,
Etoit fière sur son paillier ;
Elle y bravoit loix et coutumes,
Et, par un abus singulier,
D'un coq au lieu d'être contente,
Elle en voulut avoir quarante.
Le coq aux neuf poules feignit
D'applaudir au nouveau ménage

Mais au fond le sultan craignit
L'incursion du voisinage.
La disette et l'occasion,
Grandes faiseuses de larron,
N'annonçoient que honte et ruine.
Que fait mon coq ? Il entre un soir,
Pian-piano dans le dortoir
De la sultane Messaline ;
Et là, muni d'un bon rasoir,
Légèrement, à la sourdine,
Et sans qu'aucun d'eux le sentît,
Il ôte à messieurs les quarante
Le double morceau qui les fit
Tout ce qui fait que le coq chante.
Chacun d'eux s'éveilla chapon ;
Dont cuit à la pauvre volaille,
Qui, depuis ce tems-là ne pond
Ni ne couve un seul œuf qui vaille.
Démasque-nous, me dira-t-on,
Les héros de l'allégorie.
Oui-dà : le coq, c'est Apollon ;
Et la poule, l'Académie.

LE TONNEAU DE VIN
ET LA BOUTEILLE D'ENCRE.

Vis-a-vis de son tonneau,
Un poëte, pauvre cancre,
Derrière l'huis du caveau

Avoit, au bout d'un cordeau,
Pendu sa bouteille à l'encre ;
Afin qu'allant, revenant,
Mise en mouvement sans cesse,
Par le premier survenant,
L'encre en devînt plus épaisse.

Cependant sur son chantier,
La majestueuse tonne,
Sous vingt couronnes d'osier,
Siégeant comme sur un trône,
Tranquille, offroit le devant,
Un robinet en avant,
Et ne bougeoit pour personne.

Le maître un jour à propos,
En-dehors prêtant l'oreille,
Ouit la dame, en ces mots
Apostrophant à huis clos
Sa précieuse bouteille.

Voisine, je te plains bien !
Je te fais envie, avoue ?
Suspendue à ce lien,
Sans autre appui ni soutien,
De toi sans cesse on se joue ;
On ne te compte pour rien.
A peine as-tu pris maintien,
Qu'un survenant te bafoue,
Te ballotte, te secoue ;
Mieux vaut n'être pas, je crois,

Qu'être ainsi tout-à-la-fois
Et pendue, et sur la roue.
Voi la différence, voi
Comme, en repos sur ma lie,
On me laisse, et comme quoi
Tout le monde devant moi
Se prosterne et s'humilie.
On sent aisément pourquoi
L'on m'honore et l'on t'oublie :
C'est que mon ventre est plein
De cette liqueur vermeille
Qu'on nomme vin d'une oreille,
Restaurant vif et divin,
Qui létifie et réveille
Le cœur et l'esprit humain :
Au lieu que ton ventricule
N'enferme qu'une liqueur
D'invention ridicule,
Noire et sale à faire peur ;
Liqueur pestilentielle,
Pernicieuse à l'excès,
Source odieuse et cruelle
De chicanes, de procès,
De brochures éternelles
Du Parnasse et du Palais,
D'impiétés, de libelles,
D'écrits maudits et mal faits,
Et d'horribles bagatelles.

—Tais-toi ! cria l'écrivain,
La clef mise à la serrure,
Indigné qu'on fasse injure
A son noble gagne pain.
Plus que toi cette encre est pure,
Dès qu'elle produit mes vers.
C'est elle et son bon office
Qui font qu'ici tu me sers.
C'est ta dame et ma nourrice ;
Sous ces noms respecte-la.
Qu'un mot suffise, et finisse :
Sans elle serois-tu là ?
Ainsi du haut de leur splendeur,
Valant bien moins qu'ils ne se prisent,
Grands et riches, par fois méprisent
Les petits qui font leur grandeur.

F I N.

TABLE.

FIN de la Table.